危险货物道路运输培训丛书

危险货物道路运输企业
运输事故应急预案编制指南及范本

严 季　尤冬梅 ◎ 主编

人民交通出版社股份有限公司
China Communications Press Co.,Ltd.

内 容 提 要

本书是危险货物道路运输培训丛书之一,依据交通运输部发布的《危险货物道路运输企业运输事故应急预案编制要求》(JT/T 911—2014)编写而成,从企业需求出发,进一步细化危险货物道路运输企业运输事故应急预案内容,明确应急预案编制流程,介绍应急救援物资配备及应急演练要求,同时给出适用不同规模企业的应急预案范本。

本书用于指导危险货物道路运输企业编制运输事故应急预案。

图书在版编目(CIP)数据

危险货物道路运输企业运输事故应急预案编制指南及范本 / 严季,尤冬梅主编. — 北京：人民交通出版社股份有限公司,2016.7
 ISBN 978-7-114-13188-2

Ⅰ.①危… Ⅱ.①严… ②尤… Ⅲ.①交通运输企业–危险货物运输–交通运输事故–故事处理–应急对策 Ⅳ.①F512.6②U492.8

中国版本图书馆 CIP 数据核字(2016)第 161376 号

Weixian Huowu Daolu Yunshu Qiye Yunshu Shigu Yingji Yu'an Bianzhi Zhinan ji Fanben

书　　名：	危险货物道路运输企业运输事故应急预案编制指南及范本
著 作 者：	严　季　尤冬梅
责任编辑：	董　倩
出版发行：	人民交通出版社股份有限公司
地　　址：	(100011)北京市朝阳区安定门外外馆斜街 3 号
网　　址：	http://www.ccpress.com.cn
销售电话：	(010)59757973
总 经 销：	人民交通出版社股份有限公司发行部
经　　销：	各地新华书店
印　　刷：	北京鑫正大印刷有限公司
开　　本：	787×1092　1/16
印　　张：	9
字　　数：	193 千
版　　次：	2016 年 7 月　第 1 版
印　　次：	2016 年 7 月　第 1 次印刷
书　　号：	ISBN 978-7-114-13188-2
定　　价：	35.00 元

(有印刷、装订质量问题的图书由本公司负责调换)

前言 PREFACE

2014年6月27日,交通运输部发布了《关于发布〈危险货物道路运输企业运输事故应急预案编制要求〉等32项交通行业标准和部门计量检定规程的公告》(中华人民共和国交通运输部公告第31号),其中颁布了《危险货物道路运输企业运输事故应急预案编制要求》(JT/T 911—2014)等四个危险货物道路运输行业标准,自2014年11月1日起实施。

自标准实施以来,交通运输部委托部管理干部学院在全国范围内组织了多次标准宣贯,部分省运输管理局也积极组织标准宣贯;为了配合好这四个标准的宣贯工作,我们编写出版了《新颁危险货物道路运输企业安全管理标准(JT/T 911~914—2014)释义》(以下简称《释义》)。宣贯工作以及《释义》的指导作用,在业内得到了高度重视和好评,普遍认为这四个标准对切实提升危险货物道路运输企业安全管理水平具有重要作用,能够提高企业执行《中华人民共和国安全生产法》、落实企业主体责任的能力,从而改善企业普遍存在的"安全管理工作喊口号、制度挂墙上、工作无抓手"的现状。

但是,在宣贯过程中,仍有部分企业反映,目前根据其自身实际,编制切实有效的运输事故应急预案,还存在缺乏经验、难度较大的问题,希望我们能够编写出版更有操作性、更具体细化的编制指南,指导其更好地编制运输事故应急预案。因此,为将危险货物道路运输企业安全生产的各项预防工作做到实处,把事故风险控制在最小范围内,解决企业"不会编制、敷衍了事、操作性差、束之高阁"等问题,本书从企业需求出发,依据有关国家法律、规章和国家标准、行业标准,尤其是2016年4月最新修订的《道路危险货物运输管理规定》(交通运输部令2016年第36号)和《危险货物道路运输企业运输事故应急预案编制要求》(JT/T 911—2014),结合我国危险货物道路运输企业安全管理现状,进一步细化企业运输事故应急预案的内容,明确应急预案的编制基本流程;同时,考虑危险货物道路运输企业的规模差异,给出了适用不同规模企业的运输事故应急预案范本(见附录)。需要说明的是,危险货物道路运输企业在编制运输事故应急预案时,可参考范本,但必须紧密结合本企业实际进行编写,切勿照搬照抄。

本书是指导危险货物道路运输企业学习、执行《中华人民共和国安全生产法》，编制运输事故应急预案，落实企业主体责任，保障企业安全生产、指导企业实际工作和风险管控的重要工具书。

本书由严季、尤冬梅担任主编，张宇、韩冰担任副主编。参编人员有胡娟娟、李川、侯喜胜、田洪庆、赵国统、张彪、王奕、黄昌伟、秦树甲、唐娜、常连玉、汪泽罡、李杨、沈小燕、沈民、杨开贵、晏远春、徐刚、刘辉、李弢、程国华。

本书在编写过程中，得到了深圳市港航货运局、振华物流集团有限公司、北京普莱克斯实用气体有限公司、新奥能源物流集团等单位的大力支持及帮助。在此，一并表示感谢！

由于作者水平有限，书中难免有不妥之处，敬请有关专家、学者和从事危险货物道路运输的工作人员批评指正，以便修订完善。

编　者

2016 年 6 月

目录 CONTENTS

第一章 概述 ... 1
- 第一节 编制危险货物道路运输企业运输事故应急预案的法规和标准要求 ... 3
- 第二节 编制危险货物道路运输企业运输事故应急预案涉及的术语和定义 ... 13
- 第三节 编制危险货物道路运输企业运输事故应急预案的基本要求 ... 19
- 第四节 编制危险货物道路运输企业运输事故应急预案的准备工作 ... 21
- 第五节 编制危险货物道路运输企业运输事故应急预案的操作程序 ... 25

第二章 危险货物道路运输企业运输事故应急预案的基本内容 ... 31
- 第一节 危险货物道路运输企业运输事故应急预案基本要求 ... 33
- 第二节 危险货物道路运输企业运输事故应急处置 ... 38
- 第三节 危险货物道路运输企业运输事故应急救援指挥 ... 45

第三章 危险货物道路运输企业运输事故应急救援物资及应急演练 ... 49
- 第一节 危险货物道路运输企业运输事故应急救援物资 ... 51
- 第二节 危险货物道路运输企业运输事故应急演练 ... 61
- 第三节 危险货物道路运输企业运输事故应急演练范本 ... 74

第四章 危险货物道路运输风险管控和事故应急措施 ... 91
- 第一节 危险货物道路运输风险管控 ... 93
- 第二节 危险货物火灾扑救 ... 96
- 第三节 危险货物洒漏、泄漏处理 ... 104

附录 ... 107
- 附录一 北京普莱克斯运输车辆事故专项应急预案 ... 109
- 附录二 振华物流危险化学品运输事故专项预案 ... 118
- 附录三 新奥物流天然气运输泄漏事故处置预案 ... 122

第一章 概　述

本章重点介绍编制危险货物道路运输企业运输事故应急预案的法规和标准要求、涉及的术语和定义、基本要求、准备工作和操作程序。危险货物道路运输企业运输事故应急预案的编制要与企业的经营范围、经营规模、所运危险货物的类别和所用车辆类型紧密结合。

第一章 概述

第一节 编制危险货物道路运输企业运输事故应急预案的法规和标准要求

一、法律、规章要求

1. 《中华人民共和国安全生产法》要求

《中华人民共和国安全生产法》(以下简称《安全生产法》)首先从企业落实安全生产主体责任的角度出发,要求生产经营单位的主要负责人,组织制定并实施本单位的生产安全事故应急救援预案❶。生产安全事故应急救援预案,是指在事故发生前预先作出的,用以在事故发生时抢救人员、减少损失、及时恢复生产的应对计划和安排。生产安全事故应急预案对于防止事故扩大和迅速抢救受害人员、尽可能地减少损失,具有重要作用。生产安全事故应急救援预案是一个涉及多方面工作的系统工程,需要生产经营单位主要负责人组织制定和实施,一旦发生事故也要亲自指挥、调度。为了保证事故发生时能够有效应对,将事故损失降到最低,生产经营单位的主要负责人应组织制定生产安全事故应急救援预案,并在事故发生时,启动、实施生产安全事故应急救援预案。

《安全生产法》第七十八条要求,生产经营单位应当制定本单位生产安全事故应急救援预案(也称应急预案),与所在地县级以上地方人民政府组织制定的生产安全事故应急救援预案相衔接,并定期组织应急演练,如图1-1所示。

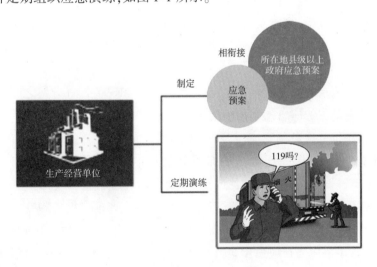

图1-1 《安全生产法》第七十八条图示

---

❶《安全生产法》第十八条。

《安全生产法》第七十八条是关于生产经营单位生产安全事故应急预案的制定以及定期组织演练的规定，涉及以下3个方面问题。

1）生产经营单位应当制定本单位生产安全事故应急预案

生产经营单位应当根据有关法律法规和国家其他有关规定，结合本单位的危险源状况、危险性分析情况和可能发生的事故特点，制定相应的应急预案。在2016年国家安全监管总局出台的《生产安全事故应急预案管理办法》（国家安全生产监督管理总局令第88号）中规定，生产经营单位制定生产安全事故应急预案应当符合下列基本要求：

(1) 符合有关法律、法规、规章、标准和安全技术规范的规定。

(2) 结合本单位的生产经营活动的特点和安全生产实际情况。

(3) 结合本单位的危险性分析情况，针对本单位的风险隐患特点。

(4) 应急组织和人员的责任分工明确，并有具体的落实措施。

(5) 有明确、具体的事故预防措施和应急程序，并与其应急能力相适应。

(6) 有明确的应急保障措施，并能满足本单位的应急工作要求。

(7) 预案基本要素齐全、完整，预案附件提供的信息准确。

(8) 预案内容与相关应急预案相互衔接。

生产经营单位的应急预案按照情况的不同，分为综合应急预案、专项应急预案和现场处置方案。生产经营单位根据风险种类、可能发生的事故的类型，应当组织编制本单位的综合应急预案。综合应急预案应当包括本单位的应急组织机构及其职责、预案体系及相应程序、事故预防及应急保障、应急培训及预案演练等主要内容。对于某一种类的风险，生产经营单位应当根据存在的重大危险源和可能发生的事故类型，制定相应的专项应急预案。专项应急预案应包括危险性分析、可能发生的事故特征、应急组织机构与职责、预防措施、应急处置程序和应急保障等内容。对于危险性较大的重点岗位，生产经营单位应当制订重点工作岗位的现场处置方案。

生产经营单位编制的综合应急预案、专项应急预案和现场处置方案之间应当相互衔接，并与所涉及的其他单位的应急预案相互衔接。

2）生产经营单位的应急预案应当与所在地人民政府的应急预案相衔接

2010年出台的《国务院关于进一步加强企业安全生产工作的通知》和2011年出台的《国务院关于坚持科学发展安全发展促进安全生产形势持续稳定好转的意见》规定，要完善企业与政府应急预案衔接机制，建立省、市、县三级安全生产预案报备制度。

关于应急预案的备案问题，在《生产安全事故应急预案管理办法》中提出了以下的要求：

(1) 生产经营单位应当在应急预案公布之日起20个工作日内，按照分级属地原则，向安全生产监督管理部门和有关部门进行告知性备案。

(2) 中央企业总部（上市公司）的应急预案，报国务院主管的负有安全生产监督管理职责的部门备案，并抄送国家安全生产监督管理总局；其所属单位的应急预案报所在地的省、自治区、直辖市或者设区的市级人民政府主管的负有安全生产监督管理职责的部门备案，并抄送同级安全生产监督管理部门。

非煤矿山、金属冶炼和危险化学品生产、经营、储存企业,以及使用危险化学品达到国家规定数量的化工企业、烟花爆竹生产、批发经营企业的应急预案,按照隶属关系报所在地县级以上地方人民政府安全生产监督管理部门备案;其他生产经营单位应急预案的备案,由省、自治区、直辖市人民政府负有安全生产监督管理职责的部门确定。

(3)生产经营单位申报应急预案备案,应当提交应急预案备案申报表、应急预案评审或者论证意见、应急预案文本及电子文档、风险评估结果和应急资源调查清单。

(4)受理备案登记的负有安全生产监督管理职责的部门应当在5个工作日内对应急预案材料进行核对,材料齐全的,应当予以备案并出具应急预案备案登记表;材料不齐全的,不予备案并一次性告知需要补齐的材料。逾期不予备案又不说明理由的,视为已经备案。

(5)各级安全生产监督管理部门应当建立应急预案备案登记建档制度,指导、督促生产经营单位做好应急预案的备案登记工作。

3)生产经营单位应当定期组织应急演练

为切实保障生产安全事故发生时能够及时、协调、有序地开展应急救援等应急处置工作,需要生产经营单位通过经常性的演练提高实战能力和水平。按照《生产安全事故应急预案管理办法》的要求,生产经营单位应当制订本单位的应急演练计划,根据本单位的事故风险特点,每年至少组织一次综合应急演练或者专项应急演练,每半年至少组织一次现场处置方案演练,如图1-2所示。

图1-2 应急演练

《安全生产法》第七十九条第二款要求,危险物品的生产、经营、储存、运输单位以及矿山、金属冶炼、城市轨道交通运营、建筑施工单位应当配备必要的应急救援器材、设备和物资,并进行经常性维护,保证正常运转。该条款是为了做好生产安全事故应急预案实施的准备工作的要求。危险货物道路运输企业要根据本单位的经营范围、规模和所运危险货物的性质、特点,以满足应急救援工作实际需要为原则,有针对性、有选择地配备相应数量、种类的应急救援器材、设备和物资。为保证这些器材、设备和物资随时处于正常运转状态,在发生事故时用得上、用得好,还应当对应急救援器材、设备和物资进行经常性维护。

2. 有关条例要求

《中华人民共和国道路运输条例》(以下简称《道路运输条例》)第三十二条要求,客运经营者、货运经营者应当制定有关交通事故、自然灾害以及其他突发事件的道路运输应急预案。

《危险化学品安全管理条例》对危险化学品道路运输企业的有关要求主要有:

第四十五条要求,运输危险化学品,应当根据危险化学品的危险特性采取相应的安全防护措施,并配备必要的防护用品和应急救援器材。针对此条,该条给出了对应的处罚条款,在第八十六条要求,运输危险化学品,未根据危险化学品的危险特性采取相应的安全防护措施,或者未配备必要的防护用品和应急救援器材的,由交通运输主管部门责令改正,处5万元以上10万元以下的罚款;拒不改正的,责令停产停业整顿;构成犯罪的,依法追究刑事责任。

第七十条要求,危险化学品单位应当制定本单位危险化学品事故应急预案,配备应急救援人员和必要的应急救援器材、设备,并定期组织应急演练。危险化学品单位应当将其危险化学品事故应急预案报所在地设区的市级人民政府安全生产监督管理部门。

第七十一条要求,发生危险化学品事故,事故单位主要负责人应当立即按照本单位危险化学品应急预案组织救援,并向当地安全生产监督管理部门和环境保护、公安、卫生主管部门报告;道路运输、水路运输过程中发生危险化学品事故的,驾驶人员、船员或者押运人员还应当向事故发生地交通运输主管部门报告。

3. 部门规章要求

1)《生产安全事故应急预案管理办法》

2016年4月15日,国家安全生产监督管理总局第13次局长办公会议审议通过了修订后的《生产安全事故应急预案管理办法》(国家安全生产监督管理总局令第88号,自2016年7月1日起施行,以下简称《办法》)。

《办法》适用于生产安全事故应急预案的编制、评审、公布、备案、宣传、教育、培训、演练、评估、修订及监督管理工作。

《办法》涉及危险货物道路运输企业运输事故应急预案的一些基本理念和要求有:

(1)《办法》第五条明确了编制和实施应急预案的主体。生产经营单位主要负责人负责组织编制和实施本单位的应急预案,并对应急预案的真实性和实用性负责;各分管负责人应当按照职责分工落实应急预案规定的职责。

(2)《办法》第七条明确了编制应急预案的基本原则。应急预案的编制应当遵循以人为本、依法依规、符合实际、注重实效的原则,以应急处置为核心,明确应急职责、规范应急程序、细化保障措施。

(3)《办法》第十条要求,编制应急预案前,编制单位应当进行事故风险评估和应急资源调查。

①事故风险评估,是指针对不同事故种类及特点,识别存在的危险危害因素,分析事故可能产生的直接后果以及次生、衍生后果,评估各种后果的危害程度和影响范围,提出防范和控制事故风险措施的过程。

②应急资源调查,是指全面调查本地区、本单位第一时间可以调用的应急资源状况和合作区域内可以请求援助的应急资源状况,并结合事故风险评估结论制定应急措施的过程。

(4)《办法》第十九条要求,生产经营单位应当在编制应急预案的基础上,针对工作场所、岗位的特点,编制简明、实用、有效的应急处置卡。应急处置卡应当规定重点岗位、人员的应急处置程序和措施,以及相关联络人员和联系方式,便于从业人员携带。

(5)《办法》第三十条要求,各级安全生产监督管理部门、各类生产经营单位应当采取多种形式开展应急预案的宣传教育,普及生产安全事故避险、自救和互救知识,提高从业人员和社会公众的安全意识与应急处置技能。

(6)《办法》第三十一条对应急预案培训,提出了以下要求:

①各级安全生产监督管理部门应当将本部门应急预案的培训纳入安全生产培训工作计划,并组织实施本行政区域内重点生产经营单位的应急预案培训工作。

②生产经营单位应当组织开展本单位的应急预案、应急知识、自救互救和避险逃生技能的培训活动,使有关人员了解应急预案内容,熟悉应急职责、应急处置程序和措施。

③应急培训的时间、地点、内容、师资、参加人员和考核结果等情况应当如实记入本单位的安全生产教育和培训档案。

(7)《办法》对应急演练,提出了以下要求:

①生产经营单位应当制订本单位的应急演练计划,根据本单位的事故风险特点,每年至少组织一次综合应急演练或者专项应急演练,每半年至少组织一次现场处置方案演练。

②应急演练结束后,应急演练组织单位应当对应急演练效果进行评估,撰写应急演练评估报告,分析存在的问题,并对应急预案提出修订意见。

③应急预案编制单位应当建立应急预案定期评估制度,对预案内容的针对性和实用性进行分析,并对应急预案是否需要修订作出结论。

④应急预案修订涉及组织指挥体系与职责、应急处置程序、主要处置措施、应急响应分级等内容变更的,修订工作应当参照本办法规定的应急预案编制程序进行,并按照有关应急预案报备程序重新备案。

⑤生产经营单位应当按照应急预案的规定,落实应急指挥体系、应急救援队伍、应急物资及装备,建立应急物资、装备配备及其使用档案,并对应急物资、装备进行定期检测和维护,使其处于适用状态。

(8)《办法》第三十九条要求,生产经营单位发生事故时,应当第一时间启动应急响应,组织有关力量进行救援,并按照规定将事故信息及应急响应启动情况报告给安全生产监督管理部门和其他负有安全生产监督管理职责的部门。

(9)《办法》第四十条要求,生产安全事故应急处置和应急救援结束后,事故发生单位应当对应急预案实施情况进行总结评估。

同时,值得注意的是,《危险化学品安全管理条例》第七十条还规定,危险化学品单位应当将其危险化学品事故应急预案报所在地设区的市级人民政府安全生产监督管理部门。

2)《道路危险货物运输管理规定》

《道路危险货物运输管理规定》(交通运输部令2016年第36号)第四十七条规定,危险货物道路运输企业或者单位应当加强安全生产管理,制定突发事件应急预案,配备应急救援人员和必要的应急救援器材、设备,并定期组织应急演练,严格落实各项安全制度。同时,在第四十九条中强调,运输企业或者单位接到事故报告后,应当按照本企业成本单位危险货物应急预案组织救援,并向事故发生地安全生产监督管理部门和环境保护、卫生主管部门报告。

综上所述,我国对应急预案的总体要求是:

(1)组织制定生产安全事故应急预案,并要在事故发生时,实施生产安全事故应急预案。

(2)应当配备必要的应急救援器材、设备和物资,并定期组织演练。

(3)应当将其危险化学品事故应急预案报所在地设区的市级人民政府安全生产监督管理部门。

(4)发生危险化学品事故时,事故单位主要负责人应当立即按照本单位危险化学品应急预案组织救援,并向当地安全生产监督管理部门和环境保护、公安、卫生主管部门报告;道路运输过程中发生危险化学品事故的,驾驶人员或者押运人员还应当向事故发生地交通运输主管部门报告。

(5)危险货物道路运输专职安全管理人员应当参与或组织编制企业道路运输事故应急预案。

上述国家法律和行业管理部门规章均要求危险货物道路运输企业编制运输事故应急预案。此为法律要求、法定义务,也是企业经营管理的必备条件。

二、标准要求

编制应急预案涉及的标准有:国家标准《危险化学品重大危险源辨识》(GB 18218—2009)、《生产经营单位生产安全事故应急预案编制导则》(GB/T 29639—2013);安监标准《生产经营单位安全生产事故应急预案编制导则》(AQ/T 9002—2006)、《安全生产事故应急演练指南》(AQ/T 9007—2011)、《生产安全事故应急演练评估规范》(AQ/T 9009—2015);交通运输部标准《危险货物道路运输企业运输事故应急预案编制要求》(JT/T 911—2014)。

第一章 概述

1.《生产经营单位安全生产事故应急预案编制导则》(AQ/T 9002—2006)

该标准规定了生产经营单位编制安全生产事故应急预案的程序、内容和要素等基本要求,适用于中华人民共和国领域内从事生产经营活动的单位。该标准的主要内容有:应急预案的编制、应急预案体系的构成、综合应急预案的主要内容、专项应急预案的主要内容、现场处置方案的主要内容、附件等。

1)编制应急预案准备工作

(1)全面分析本单位危险因素、可能发生的事故类型及事故的危害程度。

(2)排查事故隐患的种类、数量和分布情况,并在隐患治理的基础上,预测可能发生的事故类型及其危害程度。

(3)确定事故危险源,进行风险评估。

(4)针对事故危险源和存在的问题,确定相应的防范措施。

(5)客观评价本单位应急能力。

(6)充分借鉴国内外同行业事故教训及应急工作经验。

2)编制程序

(1)应急预案编制:工作组结合本单位部门职能分工,成立以单位主要负责人为领导的应急预案编制工作组,明确编制任务、职责分工,制订工作计划。

(2)资料搜集:搜集应急预案编制所需的各种资料(相关法律法规、应急预案、技术标准、国内外同行业事故案例分析、本单位技术资料等)。

(3)危险源与风险分析:在危险因素分析及事故隐患排查、治理的基础上,确定本单位的危险源、可能发生事故的类型和后果,进行事故风险分析,并指出事故可能产生的次生、衍生事故,形成分析报告,分析结果作为应急预案的编制依据。

(4)应急能力评估:对本单位应急装备、应急队伍等应急能力进行评估,并结合本单位实际,加强应急能力建设。

(5)应急预案编制:针对可能发生的事故,按照有关规定和要求编制应急预案。应急预案编制过程中,应注重全体人员的参与和培训,使所有与事故有关人员均掌握危险源的危险性、应急处置方案和技能。应急预案应充分利用社会应急资源,与地方政府预案、上级主管单位以及相关部门的预案相衔接。

(6)应急预案评审与发布:应急预案编制完成后,应进行评审。评审由本单位主要负责人组织有关部门和人员进行。外部评审由上级主管部门或地方政府负责安全管理的部门组织审查。评审后,按规定报有关部门备案,并经生产经营单位主要负责人签署发布。

3)应急预案体系

应急预案应形成体系,针对各级各类可能发生的事故和所有危险源制订专项应急预案和现场应急处置方案,并明确事前、事发、事中、事后的各个过程中相关部门和有关人员的职责。

(1)专项应急预案。专项应急预案是针对具体的事故类别(如煤矿瓦斯爆炸、危险化学品泄漏等事故)、危险源和应急保障而制订的计划或方案,是综合应急预案的组成部分,应按照综合应急预案的程序和要求组织制订,并作为综合应急预案的附件。专项应急预案应制定明确的救援程序和具体的应急救援措施。

(2)现场处置方案。现场处置方案是针对具体的装置、场所或设施、岗位所制订的应急处置措施。现场处置方案应具体、简单、针对性强。现场处置方案应根据风险评估及危险性控制措施逐一编制,做到事故相关人员应知应会,熟练掌握,并通过应急演练,做到迅速反应、正确处置。应急预案应形成体系,针对各级各类可能发生的事故和所有危险源制订专项应急预案和现场应急处置方案,并明确事前、事发、事中、事后的各个过程中相关部门和有关人员的职责。

4)专项应急预案的主要内容

(1)事故类型和危害程度分析:在危险源评估的基础上,对其可能发生的事故类型和可能发生的季节及其严重程度进行确定。

(2)应急处置基本原则:明确处置安全生产事故应当遵循的基本原则。

(3)组织机构及职责。

(4)预防与预警。

(5)信息报告程序主要包括:

①确定报警系统及程序。

②确定现场报警方式,如电话、警报器等。

③确定24h与相关部门的通信、联络方式。

④明确相互认可的通告、报警形式和内容。

⑤确应急反应人员向外求援的方式。

(6)应急处置。

(7)应急物资与装备保障:明确应急处置所需的物质与装备数量、管理和维护、正确使用等。

5)现场处置方案的主要内容

(1)事故特征主要包括:

①危险性分析,可能发生的事故类型。

②事故发生的区域、地点或装置的名称。

③事故可能发生的季节和造成的危害程度。

④事故前可能出现的征兆。

(2)应急组织与职责主要包括:

①基层单位应急自救组织形式及人员构成情况。

②应急自救组织机构、人员的具体职责,应同单位或车间、班组人员工作职责紧密结合,明确相关岗位和人员的应急工作职责。

(3)应急处置主要包括以下内容:

①事故应急处置程序。根据可能发生的事故类别及现场情况,明确事故报警、各项应急措施启动、应急救护人员的引导、事故扩大及同企业应急预案的衔接的程序。

②现场应急处置措施。针对可能发生的火灾、爆炸、危险化学品泄漏、坍塌、水患、机动车辆伤害等,从操作措施、工艺流程、现场处置、事故控制、人员救护、消防、现场恢复等方面制订明确的应急处置措施。

③报警电话及上级管理部门、相关应急救援单位联络方式和联系人员,事故报告的基本要求和内容。

(4)注意事项,主要包括:

①佩戴个人防护器具方面的注意事项。

②使用抢险救援器材方面的注意事项。

③采取救援对策或措施方面的注意事项。

④现场自救和互救注意事项。

⑤现场应急处置能力确认和人员安全防护等事项。

⑥应急救援结束后的注意事项。

⑦其他需要特别警示的事项。

值得注意的是,为了做好安全生产事故应急演练,国家安全生产监督管理总局还制定了《安全生产事故应急演练指南》(AQ/T 9007—2011)、《生产安全事故应急演练评估规范》(AQ/T 9009—2015)等。标准规定了安全生产事故应急演练的目的、原则、类型、内容和综合应急演练的组织与实施,其他类型应急演练的组织与实施可参照进行。标准适用于针对生产安全事故所开展的应急演练活动。

2.《生产经营单位生产安全事故应急预案编制导则》(GB/T 29639—2013)

该标准规定了生产经营单位编制生产安全事故应急预案的编制程序、体系构成和综合应急预案、专项应急预案、现场处置方案以及附件,适用于生产经营单位的应急预案编制工作,其他社会组织和单位的应急预案编制可参照本标准执行。该标准的主要内容如下。

1)应急预案编制程序

生产经营单位应急预案编制程序包括成立应急预案编制工作组、资料搜集、风险评估、应急能力评估、编制应急预案和应急预案评审6个步骤。

2)应急预案体系

生产经营单位的应急预案体系主要由综合应急预案、专项应急预案和现场处置方案构成。生产经营单位应根据本单位组织管理体系、生产规模、危险源的性质以及可能发生的事故类型确定应急预案体系,并可根据本单位的实际情况,确定是否编制专项应急预案。风险因素单一的小微型生产经营单位可只编写现场处置方案。

3)专项应急预案

专项应急预案主要内容包括:

(1) 事故风险分析。
(2) 应急指挥机构及职责。
(3) 处置程序。
(4) 处置措施。

4) 现场处置方案主要内容

(1) 事故风险分析,主要包括:
①事故类型。
②事故发生的区域、地点或装置的名称。
③事故发生的可能时间、事故的危害严重程度及其影响范围。
④事故前可能出现的征兆。
⑤事故可能引发的次生、衍生事故。

(2) 应急工作职责。

(3) 应急处置,主要包括以下内容:
①事故应急处置程序。根据可能发生的事故及现场情况,明确事故报警、各项应急措施启动、应急救护人员的引导、事故扩大及同生产经营单位应急预案的衔接的程序。
②现场应急处置措施。针对可能发生的火灾、爆炸、危险化学品泄漏、坍塌、水患、机动车辆伤害等,从人员救护、工艺操作、事故控制、消防、现场恢复等方面制订明确的应急处置措施。
③明确报警负责人以及报警电话及上级管理部门、相关应急救援单位联络方式和联系人员,事故报告基本要求和内容。

(4) 注意事项同 AQ/T 9002—2006。

5) 附件

(1) 有关应急部门、机构或人员的联系方式。列出应急工作中需要联系的部门、机构或人员的多种联系方式,当发生变化时及时进行更新。

(2) 应急物资装备的名录或清单。列出应急预案涉及的主要物资和装备名称、型号、性能、数量、存放地点、运输和使用条件、管理责任人和联系电话等。

(3) 规范化格式文本,应急信息接报、处理、上报等规范化格式文本。

(4) 关键的路线、标识和图纸,主要包括:
①警报系统分布及覆盖范围。
②重要防护目标、危险源一览表、分布图。
③应急指挥部位置及救援队伍行动路线。
④疏散路线、警戒范围、重要地点等的标识。
⑤相关平面布置图纸、救援力量的分布图纸等。

(5) 有关协议或备忘录。列出与相关应急救援部门签订的应急救援协议或备忘录。

在救援物资配备方面的工作,可参照《危险化学品单位应急救援物资配备标准》(GB

30077—2013)。

3.《危险货物道路运输企业运输事故应急预案编制要求》(JT/T 911—2014)

该标准规定了危险货物道路运输企业运输事故应急预案的编制步骤、预案内容以及文本格式与要求,适用于指导危险货物道路运输企业编制危险货物运输过程中事故应急预案。该标准的主要内容如下。

1)编制步骤

编制步骤包括:编制准备、应急预案编制、应急预案评审❶和上报、应急预案更新。

2)预案内容

预案内容包括:企业概况、应急救援组织设置、事故及其灾害后果预测、驾驶人员和押运人员应急处置、企业应急处置、信息发布、后期处置、应急保障、应急培训和应急演练。

第二节 编制危险货物道路运输企业运输事故应急预案涉及的术语和定义

为了指导危险货物道路运输企业编制运输事故应急预案,交通运输部组织制定了《危险货物道路运输企业运输事故应急预案编制要求》(JT/T 911—2014)(以下简称《应急预案编制要求》),解决了危险货物道路运输企业编制应急预案,无方法、无依据的"从无到有"问题。

危险货物道路运输企业安全管理人员要依据《危险货物道路运输企业运输事故应急预案编制要求》(JT/T 911—2014),紧密结合本单位实际,参考《生产安全事故应急预案管理办法》和《生产经营单位生产安全事故应急预案编制导则》(GB/T 29639—2013)、《危险化学品单位应急救援物资配备标准》(GB 30077—2013)、《生产经营单位安全生产事故应急预案编制导则》(AQ/T 9002—2006)、《生产安全事故应急演练指南》(AQ/T 9007—2011)和《生产安全事故应急演练评估规范》(AQ/T 9009—2015)等,组织编制本企业的运输事故应急预案。

在编制应急预案前,还需了解有关术语和定义。

一、事故

在不同的行业、标准中,对事故有不同的表述。

《应急预案编制要求》2.1 中规定,事故,指危险货物道路运输过程中,突然发生的,造成或者可能造成社会危害,需要采取应急处置措施予以应对的紧急事故。如道路交通事故,运输车辆着火燃烧,车载危险货物发生泄漏、燃烧、爆炸等事故。

(1)该定义是依据《中华人民共和国突发事件应对法》和《公路交通突发事件应急预

---

❶ 应急预案评审不是法规、标准要求。该标准使用了"可组织",且该标准是推荐性标准。

案》,结合危险货物道路运输实际确定的。事故发生的时间和场所为:突然发生在危险货物道路运输过程中。事故的严重程度为:造成或者可能造成社会危害并且需要采取应急处置措施。事故的类型包括道路交通事故,运输车辆着火燃烧、车载危险货物发生泄漏、燃烧、爆炸等。

(2)该定义强调是危险货物道路运输过程中的事故,指出了事故可能造成社会危害,并做了列举。社会危害主要是指伤害人民群众生命和财产安全,污染、破坏环境等。

(3)危险货物道路运输事故,多数情况都是由交通事故导致的。

二、事故等级

《应急预案编制要求》2.2 中规定,事故等级,指根据事故的社会危害程度和影响范围等因素,将其划分成的四个等级:特别重大事故(Ⅰ级)、重大事故(Ⅱ级)、较大事故(Ⅲ级)、一般事故(Ⅳ级)。

(1)该标准结合危险货物道路运输实际,运用死伤人数和经济损失两个综合性指标描述危险货物道路运输事故的社会危害程度和影响范围。运用道路交通事故中的等级划分标准确定危险货物道路运输事故的等级,即将危险货物道路运输事故等级划分为特别重大事件(Ⅰ级)、重大事件(Ⅱ级)、较大事件(Ⅲ级)、一般事件(Ⅳ级)4 个等级。但是标准没有将事故等级量化。

(2)在实际工作中,危险货物道路运输企业可以借鉴《生产安全事故报告和调查处理条例》第三条的相关规定,确定本预案事故等级。

①特别重大事故,是指造成 30 人以上死亡,或者 100 人以上重伤(包括急性工业中毒,下同),或者 1 亿元以上直接经济损失的事故。

②重大事故,是指造成 10 人以上 30 人以下死亡,或者 50 人以上 100 人以下重伤,或者 5000 万元以上 1 亿元以下直接经济损失的事故。

③较大事故,是指造成 3 人以上 10 人以下死亡,或者 10 人以上 50 人以下重伤,或者 1000 万元以上 5000 万元以下直接经济损失的事故。

④一般事故,是指造成 3 人以下死亡,或者 10 人以下重伤,或者 1000 万元以下直接经济损失的事故。

温馨提示

危险货物道路运输企业要根据所运危险货物的性质确定事故等级。也就是说,不是所有企业应急预案的事故等级都要有 4 个等级。

例如,有的企业所运危险货物的危害主要是污染,有的企业所运危险货物的危害主要是燃烧爆炸,有的企业所运危险货物的危害主要是毒害……这类企业在确定企业应急预案的事故等级时,可以考虑包括"特别重大事故"。

> 又如,有的企业所运的危险货物是"UN 3166 发动机、内燃机或内燃气体动力车辆或易燃液体动力车辆……",其仅在空运时作为危险货物,因此,这类企业在确定企业应急预案的事故等级时,就不应该考虑"特别重大事故",因其企业与普通货物运输的性质是一样的。

三、危险因素

《应急预案编制要求》2.3 中规定,危险因素,指引起事故的主要影响因素,包括危险货物运输驾驶人员、危险货物及包装、运输车辆及安全设备、道路条件、交通状况、沿途的地质环境和恶劣天气。

(1)危险货物道路运输事故主要是由人、物、环境和管理等 4 个要素及其相互作用引起的,具体为人的不安全行为、物的不安全状态、不良的外界环境和管理缺陷。其中:

①"人"主要是指,驾驶人员、押运人员和装卸管理人员等。

②"物"主要是指,车辆(包括机件)及其所载的危险货物(含包装物、包装容器等)。

③"环境"是指,道路条件、交通状况和天气情况等。

④"管理"是指,管理者按照安全生产的客观规律,对运输系统的人、财、物、信息等资源进行计划、组织、指挥、协调和控制。

人、物、环境,属于事故发生的直接原因,也是根本原因;管理属于事故发生的间接原因。

(2)广义地讲,危险因素是指能对人造成伤亡或对物造成突发性损害的因素。其包括以下两层意思:

①危险因素,指能使人造成伤亡,对物造成突发性损坏,或影响人的身体健康导致疾病,对物造成慢性损坏的因素。通常为了区别客体对人体不利作用的特点和效果,分为危险因素(强调突发性和瞬间作用)和危害因素(强调在一定时间范围内的积累作用)。有时对两者不加区分,统称危险因素。

②危险因素,促使各类风险事件发生,或增加其发生的可能性,或扩大其损失程度,或增大其不良社会影响的潜在原因或条件。主要包括可能产生负面结果的交通运输安全生产风险源自身的客观属性及其常态运行环境。

一般地讲,一个危险因素,在不同场合,可以称为危险源❶;也可以由几个危险因素组合,称为危险源,如图 1-3 所示。

---

❶风险源是客观存在的,可能造成人员伤亡、环境破坏、负面社会影响、财产损失的交通基础设施、运输装备、建设工程。

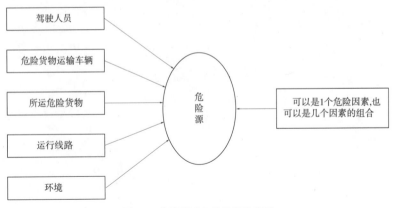

图 1-3　危险因素与危险源的关系

四、应急预案

《应急预案编制要求》2.4 中规定,应急预案,指针对可能发生的事故,为保证迅速、有序、有效地开展应急与救援行动,消除或减少事故危害、降低事故造成的损失而预先制订的行动计划或方案。

(1)《中华人民共和国突发事件应对法》第十八条要求,应急预案应当根据本法和其他有关法律、法规的规定,针对突发事件的性质、特点和可能造成的社会危害,具体规定突发事件应急管理工作的组织指挥体系与职责和突发事件的预防与预警机制、处置程序、应急保障措施以及事后恢复与重建措施等内容。

(2)"预先制订的行动计划或方案"是指针对危险货物道路运输事故应急环节,根据具体危险货物的理化特性、运输要求,有效识别运输过程中存在的风险,科学地预测运输过程中可能发生的事故及其灾害后果,并给出相应的应急处置措施,以达到减少事故造成的人员伤亡、财产损失、环境污染等损害的目的。

五、应急响应

《应急预案编制要求》2.5 中规定,应急响应,指依据事故等级,为迅速、有序地开展应急行动而预先进行的组织、物资准备和应急处置工作部署。应急响应是应急救援活动的重要组成部分,是指在事故真正发生之前,针对可能的危险状况,周密部署各项应对措施,包括应急组织机构的设置、应急资源的调配等,重点是明确有关人员在紧急状况下的职责,以保证有秩序地进行救援,减少损失。

> **相 关 链 接**
>
> 《生产经营单位安全生产事故应急预案编制导则》(AQ/T 9002—2006)将"应急响应"定义为,"事故发生后,有关组织或人员采取的应急行动";而将"应急准备"定义为,

"针对可能发生的事故,为迅速、有序地开展应急行动而预先进行的组织准备和应急保障"。

《生产经营单位生产安全事故应急预案编制导则》(GB/T 29639—2013)将"应急响应"定义为,"针对发生的事故,有关组织或人员采取的应急行动";而将"应急准备"定义为,"针对可能发生的事故,为迅速、科学、有序地开展应急行动而预先进行的思想准备、组织准备和物资准备"。

通过对 JT/T 911、AQ/T 9002、GB/T 29639 "应急响应"以及"应急准备"的定义比较发现,GB/T 29639 的表述更为准确。

由于不同事故级别所需应急能力不同,为合理安排、利用有效的应急资源,需根据事故级别,划分不同应急响应级别。鉴于危险货物道路运输企业类型不同,所运的危险货物不同,其事故等级的划分也不同,故在《应急预案编制要求》中未划分应急响应级别。在本书的第二章中,将进一步介绍响应级别的概念。

相 关 链 接

根据《国家防汛抗旱应急预案》,国家防总抗旱应急响应机制共分为四级,最高级别为一级,最低级别为四级,如Ⅰ级响应行动、Ⅱ级响应行动、Ⅲ级响应行动、Ⅳ级响应行动。

为了便于安全管理人员进一步了解"应急响应"的概念,在此予以进一步阐述。应急响应的开始是因为有"事故(事件)"发生。针对危险货物道路运输企业而言,就是企业为了应对各种意外事故的发生,所做的准备以及在事故发生后所采取的措施。

应急响应的对象是事故,事故(等级)不同响应(等级)不同。应急响应的作用主要表现在事先的充分准备和事件发生后采取的措施两个方面的作用。一方面是事先的充分准备。这方面在管理上包括安全培训、制定安全政策和应急预案以及进行风险分析等,技术上则要针对运输车辆增加安全防护设备等;另一方面事件发生后的采取的抑制、根除和恢复等措施。其目的在于尽可能地减少损失或尽快恢复正常运行。这两个方面的工作是相互补充的。首先,事前的计划和准备为事件发生后的响应动作提供了指导框架,否则,响应动作将陷入混乱,而这些毫无章法的响应动作有可能造成比事件本身更大的损失。其次,事后的响应可能发现事前计划的不足,吸取教训。从而进一步完善安全计划。因此,这两个方面应该形成一种正反馈的机制,逐步强化组织的安全防范体系。

六、应急处置

《应急预案编制要求》2.6 中规定,应急处置,指事故发生后,为消除、减少事故危害,防止事故扩大或恶化,最大限度地降低事故造成的损失或危害而采取的救援措施和行动。

应急处置主要包括驾驶人员、押运人员以及企业相关人员在事故发生后,采取的救援处置行动。由于危险货物道路运输事故具有交通事故与危险品事故叠加的双重危害,会对生命、健康、财产和环境造成非常大的影响。而普通民众及一些救援人员对危险品的了解相对较少,因此,危险货物道路运输企业能在第一时间内给救援队伍正确的危害信息、采取科学的前期处置措施,最大限度地避免事故扩散,避免次生灾害的发生是非常重要的。

> **相关链接**
>
> 在《生产经营单位安全生产事故应急预案编制导则》(AQ/T 9002—2006)中对应"应急处置"的是"应急救援"。"应急救援"是指在应急响应过程中,为消除、减少事故危害,防止事故扩大或恶化,最大限度地降低事故造成的损失或危害而采取的紧急措施或行动。
>
> 在《生产经营单位生产安全事故应急预案编制导则》(GB/T 29639—2013)中对应"应急处置"的是"应急救援"。"应急救援"是指在应急响应过程中,为最大限度地降低事故造成的损失或危害,防止事故扩大,而采取的紧急措施或行动。

七、应急资源

《应急预案编制要求》2.7中规定,应急资源,指应急装备、物资、储备的运力和应急救援队伍等。

《危险化学品安全管理条例》要求,运输危险化学品,应当根据危险化学品的危险特性采取相应的安全防护措施,并配备必要的防护用品和应急救援器材;危险化学品单位应当制定本单位危险化学品事故应急预案,配备应急救援人员和必要的应急救援器材、设备,并定期组织应急演练。

(1)应急救援装备和物资。应急救援装备和物资是危险货物道路运输企业根据应急救援的需要和企业的实际情况,配备的用于应急救援的器械、设备、工具和储备资金等。相关应急救援装备和物资至少包括:个人防护用品、警戒保卫器材、消防器材、专业仪器、封堵工具材料、回收设备、应急救援车辆、应急照明设备、通信联络及保障设备、常用救护药品和应急救援资金等。

(2)应急救援队伍。应急救援队伍是指在危险货物运输过程中发生事故时,参加事故救援的单位、人员,主要包括抢修、现场救护、医疗、治安、消防、交通管理、通信、供应、运输、后勤等方面。应急救援队伍是应急救援的有力保障,可以是企业自己组建的,也可以采取与具有专业资质单位签署协议方式拥有的。

危险货物道路运输企业要根据自身条件和应急救援预案的要求,对所需应急救援资源进行补充和调整。而对于不具备条件的资源,企业可以根据应急救援预案的要求,与具备相应条件的单位或专业救援部门签订应急救援救助协议,落实相关应急救援救助方案。应急资源强调加强与周边企业的协作,加强应急资源的共享。

八、其他

(1) 恢复。恢复是指事故的影响得到初步控制后,为使生产、工作、生活和生态环境尽快恢复到正常状态而采取的措施或行动❶。

(2) 应急演练。应急演练是指针对可能发生的事故情景,依据应急预案模拟开展的应急活动❷。

综上所述,安全管理人员应当建立有关应急预案的相关概念,并把这些概念进行梳理,从而把握编制应急预案的基本理念、思路(图1-4)。

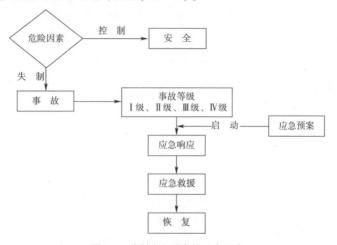

图1-4 编制应急预案的基本思路

第三节 编制危险货物道路运输企业运输事故应急预案的基本要求

一、编制目的

应急预案的编制是为了加强对危险货物道路运输安全的有效控制,最大限度地预防或降低危险货物道路运输事故危害,保障人民生命和财产安全,保护环境,使危险货物运输企业在突发泄漏、火灾、爆炸灾害事故时,能迅速反应、妥善处置,尽可能减少对人员、财产和环境的有害影响。

二、编制原则

危险货物道路运输事故应急预案编制应坚持以下原则。

---

❶《生产经营单位安全生产事故应急预案编制导则》(AQ/T 9002—2006)2.5 恢复。
❷《生产经营单位生产安全事故应急预案编制导则》(GB/T 29639—2013)3.5 应急演练。

1. 以人为本、安全第一

把保障公众健康和生命财产安全作为首要任务,最大限度地减少危险货物道路运输事故及其造成的人员伤亡和损失。

2. 预防为主、平战结合

增强忧患意识,坚持预防与应急相结合,做好应对危险货物道路运输事故的各项准备工作。从事故预防的角度看,一方面要在技术上采取措施,使得运输生产的工具、设施设备具有保障安全状态的能力,另一方面要通过管理协调"人自身"的关系,掌握安全生产知识,以实现系统的安全。坚持预防为主的方针,做好预防、预测和预警工作。同时做好常态下的风险评估、物资储备、队伍建设、装备完善、预案应急演练等工作。

3. 统一领导、分级管理

建立健全分类管理、分级负责的应急管理体制,自上而下建立起危险货物道路运输事故的预案启动和应急处置工作管理体系。

4. 充分准备、科学救援

采用先进技术,充分发挥专家作用,使用先进的救援装备和技术,增强应急救援能力,确保应急救援的科学、及时、有效。加强应急处置队伍建设,建立联动协调制度,形成统一指挥、反应灵敏、协调有序、运转高效的应急管理机制。事先对可能发生事故的状态和后果进行预测并制订救援措施,一旦发生异常情况,能根据应急预案,及时进行救援,可最大限度地避免突发性重大事故发生和减轻事故所造成的损失,同时又能及时地恢复生产。

三、基本要求

制定应急预案时,应具体描述意外事故和紧急情况发生时所采取的措施。

(1)提供充分而详细的资料,包括:

①具体描述可能的意外事故和紧急情况及其后果。

②若可能,指明采用哪些措施来限制后果。

(2)确定负责人及所有人员在应急期间的职责。

(3)与危险货物生产企业联系。

(4)与外部应急机构的联系。

(5)与安全生产监督管理部门、公安部门、环保部门、保险机构及相邻企业的交流。

(6)便于缺乏专业理化知识的人员执行。

(7)提供所需的现成资料,避免过多浪费时间。

四、基本内容

危险货物道路运输企业运输事故应急预案至少应包括以下内容。

(1)发生事故或紧急情况时,向单位内外的相关机构报告的程序。

(2)发生事故或紧急情况时向过往车辆、行人发出警报并采取积极抢救措施的程序。

(3)危险目标的确定和潜在危险性评估。

(4)单位内部应急指挥机构、报告程序、职责分工。

(5)应急队伍组织与应急演练。

(6)提供有关危险情况下适用的应急设备。

(7)预防事故的措施。

(8)紧急处置措施方案。

(9)人员培训。

(10)经费保障。

上述内容表述得很简单,但在实际工作中,危险货物道路运输企业必须根据实际情况细化每一条。如针对第(1)条,企业首先要区分事故与紧急情况,再根据企业所运危险货物的特性,将事故、紧急情况分级。只有在解决了事故、紧急情况分级后,才有可能确定报告程序。举例说明,在运输过程中如发现危险货物包装破损,这种情况是算事故还是算紧急情况,如何启动报告程序、向谁报告?同时还要注意,只表述危险货物包装破损还不能说明问题的性质,必须进一步说明包装物里装的是什么危险货物。如包装物里所装的危险货物分别是氰化钠、硫酸、潮湿的棉花,其危害的程度就完全一样。应如何启动报警程序?这些问题都要具体分析,也就是说,不是所有事故、紧急情况都要打报警电话。这里再次强调,明确事故及等级是编制应急预案的关键环节。

同时,还要注意避免编制者仅对上述内容的简单梳理、排列组合甚至重复、抄袭,而缺少对本企业实际情况的分析,缺少对本企业实践经验与教训的总结提炼,以及与同类预案的比对,更谈不上通过实战应急演练实现预案的循环更新,从而使应急预案丧失了作为一种具体工作方案应当具备的可操作性。

危险货物道路运输企业安全管理人员应当组织编制本企业道路运输事故应急预案,在发生运输突发事件时,配合相关部门及时采取联系托运人、组织应急救援人员和设备等应急配合措施。

第四节　编制危险货物道路运输企业运输事故应急预案的准备工作

一、完善工作机制,明确目标计划

应急预案是在辨识和评估潜在风险发生的可能性、过程、后果及影响严重程度的基础上,对应急机构与职责、人员、技术、装备、设施(备)、物资、救援行动、指挥与协调等方面预先作出的具体安排。其编制工作涉及面广、专业性强,是一项较复杂的系统工作,需要安全、工程技术、组织管理、医疗急救等各方面的知识,应按一定的步骤进行。

首先要根据本企业的实际情况,成立由管理人员、专业人员组成的应急预案编制小组,指定负责人。

1. 建立机构

（1）根据本企业的实际情况，针对本企业的运输规模、运输危险货物的种类和车辆、从业人员情况出发，成立由单位主要负责人（或分管负责人或企业主管经理，做为组长），单位相关部门管理人员和关键岗位的业务骨干组成的应急预案编制工作组，明确工作职责和任务分工，制订工作计划，组织开展应急预案编制工作。针对危险货物道路运输企业而言，工作组应由企业负责人、安全管理人员和有经验的从业人员（驾驶人员、押运人员、装卸管理人员）组成。

同时在此强调，企业可以聘请科研院校的研究人员参与本企业的应急预案的制定，但不能全权委托科研院校编制本企业的应急预案。

（2）由于编制工作涉及面广、专业性强、针对性强，要注意选择熟悉安全管理、车辆管理、运行管理（调动）、GPS监控、危险货物特性等方面知识的管理人员和经验丰富的驾驶人员和押运人员参加编制工作组。工作组成员的人数，根据大、中、小型危险货物道路运输企业的实际情况确定。

（3）在条件允许的情况下，还要注意听取地方消防、公安、医疗等单位的意见和建议，尤其考虑发挥托运人（危险货物生产企业）专业优势和作用。

2. 制订计划

制订、完成运输计划，是危险货物道路运输企业的硬指标，存在对安全管理工作松懈的情况。如有些企业知道制定应急预案是企业的法定责任，也成立编制工作组，但因为运输任务忙等原因，迟迟不能完成编制工作。在这种情况下，安全管理人员有义务督促企业负责人落实其法定义务。

在制订计划时，要细化、明确任务目标。制订应急预案编制计划，至少应包括以下内容：

（1）评估应急预案编制必要性。

（2）明确编制人员职责。

（3）确定工作方案、进度。

（4）制订应急预案编制计划。

相 关 链 接

某企业建立的应急预案编制机构及职责

机 构	职 责
领导小组：总指挥	（1）发生事故时，批准启动和终止本预案； （2）组织指挥应急队伍实施救援行动； （3）向上级汇报或向临近单位通报事故情况，必要时向有关单位发出救援请求； （4）总结应急救援经验教训

续上表

机　构	职　责
领导小组：副总指挥	(1) 协助总指挥负责救援的具体指挥工作； (2) 负责突发事件处置时的安全调度工作
信息传输组	(1) 担负各组之间的联络和对外联络的任务； (2) 负责与其他小组业务进展情况保持联络； (3) 负责与企业领导保持联络并汇报抢险工作开展情况
关系协调组	(1) 负责与公安、消防、医疗等部门的协调工作； (2) 负责与当地安监局等政府相关部门进行关系协调； (3) 负责处理抢险完毕后的政府协调工作； (4) 负责日常运输路线沿途政府、安监等部门关系协调
技术保障组	(1) 负责事故现场的抢险指挥工作； (2) 负责抢险方案的制订工作
救护组	负责受伤人员的就地抢救和转院治疗工作
抢险救援组	(1) 负责与外埠就近抢险小组的沟通协调工作； (2) 负责抢险抢修的指挥协调； (3) 负责突发事件现场的抢险抢修工作
安全警戒组	担负现场治安、交通指挥、设立警戒、指导员工、疏散附近人群等任务
后勤保障组	(1) 负责现场车辆的疏导和调度工作； (2) 负责应急救援物资保障工作。担负伤员的生活必需品、抢救物资的采购、供应、受伤人员、抢救人员和救援物资的交通运输、应急生活安排等任务
环境监测组	负责监测事故现场排放污染物的种类、性质、浓度和可能释放量及其危害等，判定、预测受污染或可能受污染的地区范围和影响程度

3. 研究分析

(1) 全面分析本单位危险因素、可能发生的事故类型及事故的危害程度。

(2) 排查事故隐患的种类、数量和分布情况，并在隐患治理的基础上，预测可能发生的事故类型及其危害程度。

(3) 确定事故危险源，进行风险评估。

(4) 针对事故危险源和存在的问题，确定相应的防范措施。

(5) 客观评价本单位应急能力。

(6) 充分借鉴国内外同行业事故教训及应急工作经验。

二、搜集资料

搜集、调查应急预案编制所需的各种资料，这是开展所有科研工作的基础。一是要做到依法、依标,二是借鉴同行经营、借鉴发达国家的经营,三是切实结合本企业所运危险货物及运输路线情况。搜集资料,至少应包括以下内容。

1. 相关法律法规和技术标准

涉及危险货物道路运输企业制定应急预案的法规标准等,见表1-1。同时,企业还要关注所在人民政府相关部门和有关企业的应急预案。

涉及企业制定应急预案的主要法规标准　　　　　　　表1-1

主要 法规、规章	《中华人民共和国安全生产法》
	《中华人民共和国突发事件应对法》
	《危险化学品安全管理条例》
	《道路运输条例》
	《道路危险货物运输管理规定》
	《生产安全事故应急预案管理办法》
	《交通运输突发事件应急管理规定》
主要 国家标准、 行业标准	《生产经营单位生产安全事故应急预案编制导则》(GB/T 29639—2013)
	《危险化学品单位应急救援物资配备标准》(GB 30077—2013)
	《危险化学品重大危险源辨识》(GB 18218—2009)
	《生产经营单位安全生产事故应急预案编制导则》(AQ/T 9002—2006)
	《安全生产事故应急演练指南》(AQ/T 9007—2011)
	《生产安全事故应急演练评估规范》(AQ/T 9009—2015)
	《危险化学品事故应急救援指挥导则》(AQ/T 3052—2015)
	《危险货物道路运输企业运输事故应急预案编制要求》(JT/T 911—2014)
应急预案	《国家突发公共事件总体应急预案》(2006年1月8日国务院发布)
	《突发事件应急演练指南》(国务院办公厅国务院应急管理办公室应急办函〔2009〕62号)
	《公路交通突发事件应急预案》(交通运输部2009年印发)

2. 国内外同行业事故案例分析

危险货物道路运输企业要借鉴国内外同行企业的经验和事故案例资料。鉴于我国的一般中小型危险货物道路运输企业不具备与国外同行交流的机会,但可以查阅一些文献和资料。

3. 其他资料

(1) 搜集本企业安全生产相关资料。搜集本单位安全生产责任制、安全管理制度、安全操作规程等安全生产的相关资料。这些制度是安全生产的基本要求。

(2) 搜集本企业车辆技术档案和车辆(从业人员)事故、违章处理记录。本企业的车辆主要包括,类型(普通货车、罐车、集装箱运输车等)和使用特性、车辆技术状况等;从业人员主要包括,驾驶人员的驾龄、驾驶水平、驾驶习惯、安全意识以及道路运输车辆卫星定位系统记录超速、疲劳驾驶、急速加速制动灯情况,事故违章处理记录。

(3)搜集本企业运输线路及沿线的地质环境、交通状况等。运输路线及沿线的地址环境、交通状况等,是指依据企业的主要运输产品和运输线路,确定本企业运输途中的危险源,特别是运输途中变化较多的地段、交通拥挤地段,车辆和装卸、加油等运输作业环节等,进行事故风险识别,并指出可能产生的次生、衍生事故,分析结果作为应急预案的编制依据。

(4)收集本企业所运危险货物的资料。结合危险货物道路运输的实际,搜集所运危险货物的资料。主要包括危险货物特性、运输要求和事故预防措施等的要求。并要注意根据所运危险货物,了解其应急资源情况。

全面搜集其有关资料并进行学习、研究,是编制应急预案的基础。

三、分析本企业和托运人的应急资源

在分析应急资源方面,要求依据危险源辨识与评价的结果,对现有的应急资源和应急能力进行分析,评估现有消防设施数量分布、人员管理和配置,明确应急救援的需求和不足,并及时改进。

相对危险货物道路运输企业而言,应急资源是有限的,但也要注意根据有关规定做好相关配置工作;在一般情况下,托运人是危险货物的生产企业。生产企业对其生产的危险货物性质最了解,并具备应急救援能力和资源。故要注意发挥危险货物生产企业的专业作用。危险货物道路运输企业在制作《道路运输危险货物安全卡》时,可以考虑增加托运人(生产企业)的联系电话。

第五节 编制危险货物道路运输企业运输事故应急预案的操作程序

从理论上讲,应急预案编制程序应该包括成立应急预案编制工作组、资料搜集、风险评估、应急能力评估、编制应急预案和应急预案评审6个步骤,如图1-5所示。

成立应急预案编制工作组、资料搜集等编制应急预案准备工作,是开展编制工作的重要基础。企业要在建立完善机构、精心制订计划、全面搜集资料等方面,做好充分准备工作。以下重点介绍风险评估、应急能力评估、编制应急预案、应急预案评审、备案和应急预案更新。

一、风险评估

1. 危险源

危险源是可能导致人员伤害或健康损害的根源、状态或行为,它同时具有客观实在性、复杂多变性、可知可防性以及不易被及时发现等特点。

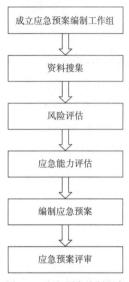

图1-5 应急预案编制程序

危险源应由潜在危险性、存在条件、触发因素三个要素构成。

(1)危险源的潜在危险性是指一旦触发事故,可能带来的危害程度或损失大小,或者说危险源可能释放的能量强度或危险物质量的大小。

(2)危险源的存在条件是指危险源所处的物理、化学状态和约束条件状态。例如,物质的压力、温度、化学稳定性,盛装压力容器的坚固性,周围环境障碍物等情况。

(3)危险源的触发因素虽然不属于危险源的固有属性,但它是危险源转化为事故的外因,而且每一类型的危险源都有相应的敏感触发因素。如易燃、易爆物质,热能是其敏感的触发因素,又如压力容器,压力升高是其敏感触发因素。因此,一定的危险源总是与相应的触发因素相关联。在触发因素的作用下,危险源转化为危险状态,继而转化为事故。

危险源本身是一种"根源",是事故隐患可能导致伤害或疾病等的主体对象,或可能诱发主体对象导致伤害或疾病的状态。引发事故的四个基本要素:人的不安全行为、物的不安全状态、环境的不安全条件、管理缺陷。

2.风险评估

风险评估的主要内容包括:

(1)分析本企业存在的危险因素,确定危险源。

(2)分析可能发生的事故类型及后果,并指出可能产生的次生、衍生事故。

(3)评估事故的危害程度和影响范围,提出风险防控措施。

在危险因素分析及事故隐患排查、治理的基础上,确定本企业的危险源、可能发生事故的类型和后果,进行事故风险分析,并指出事故可能产生的次生、衍生事故,形成分析报告,分析结果作为应急预案的编制依据。

二、应急能力评估

在全面调查和客观分析本企业应急队伍、装备、物资等应急资源状况基础上,开展应急能力评估,并依据评估结果,完善应急保障措施,加强应急能力建设。

三、编制应急预案

依据本企业风险评估及应急能力评估结果,组织编制应急预案。应急预案编制应注重系统性和可操作性,做到与相关部门和单位应急预案相衔接。

应急预案编制过程中,还应注重全体人员的参与和培训,使所有与事故有关人员均掌握危险源的危险性、应急处置方案和技能。应急预案应充分利用社会应急资源,与地方政府预案、上级主管单位以及相关部门的预案相衔接。

> **相关链接**
>
> **应急预案编制格式**
>
> 1. 封面
>
> 应急预案封面主要包括应急预案编号、应急预案版本号、生产经营单位名称、编制单位名称、颁布日期等内容。
>
> 2. 批准页
>
> 应急预案经生产经营单位主要负责人(或分管负责人)批准方可发布。
>
> 3. 目次
>
> 应急预案设置目次,目次中所列的内容及次序如下:
>
> (1)批准页。
>
> (2)章的编号、标题。
>
> (3)带有标题的条的编号、标题(需要时列出)。
>
> (4)附件,用序号表明其顺序。
>
> 4. 印刷与装订
>
> 应急预案推荐采用 A4 版面,活页装订。
>
> 说明:鉴于国家标准未对"应急预案编号、应急预案版本号"做专门说明、要求,故企业可以根据本企业情况进行编辑(编写)。

四、应急预案评审、备案

应急预案编制完成后,生产经营单位应组织评审。评审分为内部评审和外部评审。内部评审由本单位主要负责人组织有关部门和人员进行。外部评审由生产经营单位组织外部有关专家和人员进行评审。在此强调,外部评审是企业行为(自愿的),不应当作为国家法规强制性评审。应急预案评审合格后,由生产经营单位主要负责人(或分管负责人)签发。同时,依据《危险化学品安全管理条例》第七十条的规定,危险化学品单位❶应当将其危险化学品事故应急预案报所在地设区的市级人民政府安全生产监督管理部门备案。如备案受理单位对应急预案无修改意见,企业负责人应在本企业发布应急预案实施。

五、应急预案更新

应急预案有下列情形之一的,应当进行更新:

(1)原则上每两年组织修订、完善应急预案。

(2)应急预案依据的法规、标准发生变化,或者出台新的相关法规和标准。

---

❶包括危险货物道路运输企业。

(3) 应急预案涉及的要素发生变化。

(4) 应急演练结束后、企业发生事故应急行动结束后取得经验。

编制规范合理、可操作性强的危险货物道路运输过程中事故应急预案,有助于识别运输过程中风险隐患、了解事故的发生机理、明确应急救援的范围和体系,使事故应对处置的各个环节有章可循。

然而,编制应急预案不是一劳永逸的工作。在编制危险货物道路运输过程中事故应急预案时,涉及运输企业、危险货物性质及运量、从业人员、运输车辆及容器、运输线路、应急救援组织、应急救援资源、气候条件等诸多要素,这些要素中的一个或者多个发生变化时,事故及其灾害后果预测、驾驶人员和押运人员采取的应急处置措施、现场处置措施、应急响应和行动、应急救援装备和物资的配备、应急救援队伍的组成、事故后期的处置、应急培训和应急演练等相关事宜就要发生相应变化,使得整个应急预案发生变化。因此,必须根据实际情况、需要和形式变化、应急演练验证等,对应急预案进行适时、必要的更新,保证其有效性、合理性和实用性。

编制应急预案的准备工作和编制程序,可进一步归纳如图1-6所示。

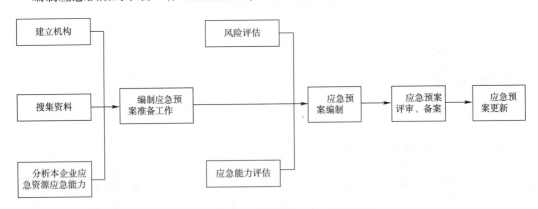

图1-6 编制应急预案的准备工作和编制程序

六、有关问题

1. 理论结合实际

本节以上介绍的主要内容,都是指导企业编制应急预案的理论性、原则性的要求。企业编制应急预案一定要注意理论结合实际,在把握基本理论、原则性的前提下,结合本企业实际,在切实解决问题上下功夫。企业要根据理论性、原则性的要求,结合企业实际进行细化、分解,绝不能照抄了事。

2. 切实解决实际问题

《应急预案编制要求》要求危险货物道路运输企业根据给定的应急预案内容要求,编制应急预案。编制过程中应做到责任分明、科学适用、便于操作,并注重与生产单位和托运人的合作。

《应急预案编制要求》中"应急预案编制"首先强调了科学适用、便于操作,也就是说,编制应急预案是解决实际问题,不是束之高阁表面文章;其次强调了与托运人的合作,由于托运人更加了解所托运的危险货物性质,因此,充分发挥其专业优势作用,在预防、应急救援预案编制和应急救援中等方面,共同开展工作,使得编制的行动计划和措施更加科学和有效,以切实解决实际问题。

3.借鉴经验

危险货物道路运输企业在编制应急预案时,要注意借鉴其他单位的经验。

(1)某企业在应急预案编制时,总结出了符合8个基本条件,即"一符合、二结合,三明确,一内容,一衔接"。

①"一符合"是指,符合法律、法规、规章和标准的规定。

②"二结合"是指,结合本地区、本部门、本单位的安全生产搜集情况及危险性分析情况。

③"三明确"是指,明确应急组织和人员的职责,并有具体的落实措施。明确具体的事故预防措施和应急程序,并与应急能力相适应。明确应急保障措施,满足本地区、部门、单位的应急工作要求。

④"一内容"是指,要素齐全、完整,预案附件信息准确。

⑤"一衔接"是指,衔接相关应急预案。

(2)某企业在衡量应急预案编制是否完善时,提出了用"四个字"衡量应急预案编制是否完善,即全(覆盖全面)、细(可操作性)、练(经过应急演练)、改(经常更新)。一个应急预案体系如果能全面体现全、细、练和改这四个方面,应急预案就能在应对重大突发事件中切实发挥指南的作用。

(3)某企业在应急预案编制时,总结出了应急预案做到"四个要":

①要务实。预案务必切合实际、有针对性。要根据事件发生、发展、演变规律,针对本企业风险隐患的特点和薄弱环节,科学制定和实施应急预案。预案务必简明扼要、有可操作性。一个企业所有的预案本子,摞在一起可能是很厚的一大本,但具体到每一个岗位,一定要简洁明了,让每一名员工都能做到"看得懂、记得住、可操作"。

②要学习。企业应采取多种形式开展应急预案的宣传教育,定期开展本单位的应急预案培训工作,使员工熟知应急预案内容,掌握应急职责、程序和岗位应急处置方案,以及安全生产事故预防、避险、自救和互救知识,提高从业人员安全意识和应急处置技能。

③要应急演练。预案是为了实战,实战需要应急演练。要从实际出发、注重实效,不能走过场;要针对应急演练中发现的问题,及时制订整改措施,真正达到检验预案、发现问题、锻炼队伍的目的。

④要修订。预案不是一成不变的,务必持续改进。要认真总结经验教训,及时修订完善应急预案,预案务必衔接配套。应急预案要向上级报备,实现企业与政府、企业与关联单位、企业内部之间预案的有效衔接。

第二章 危险货物道路运输企业运输事故应急预案的基本内容

　　危险货物道路运输企业运输事故应急预案应当根据有关法律、法规的规定，针对交通运输突发事件的性质、特点、社会危害程度以及可能需要提供的交通运输应急保障措施，明确应急管理的组织指挥体系与职责、监测与预警、处置程序、应急保障措施、恢复与重建、应急演练及救援物资等具体内容。本章根据《应急预案编制要求》等标准的要求，介绍危险货物道路运输企业运输事故应急预案的基本内容。

第二章 危险货物道路运输企业运输事故应急预案的基本内容

第一节 危险货物道路运输企业运输事故应急预案基本要求

一、应急预案体系

根据《生产经营单位生产安全事故应急预案编制导则》(GB/T 29639—2013)(以下简称《应急预案编制导则》),生产经营单位的应急预案体系主要由综合应急预案、专项应急预案和现场处置方案构成(图2-1)。危险货物道路运输企业应根据本企业组织管理体系、生产规模、危险源的性质以及可能发生的事故类型确定应急预案体系,并可根据本企业实际情况,确定是否编制专项应急预案。风险因素单一的小微型生产经营单位可只编写现场处置方案。

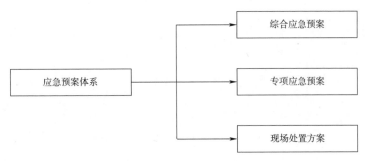

图2-1 生产经营单位的应急预案体系

1. 综合应急预案

综合应急预案是生产经营单位应急预案体系的总纲,主要从总体上阐述事故的应急工作原则,包括生产经营单位的应急组织机构及职责、应急预案体系、事故风险描述、预警及信息报告、应急响应、保障措施、应急预案管理等内容。

综合应急预案主要内容如图2-2所示。

2. 专项应急预案

专项应急预案是生产经营单位为应对某一类型或某几种类型事故,或针对重要生产设施、重大危险源、重大活动等内容而制定的应急预案。专项应急预案主要包括事故风险分析、应急指挥机构及职责、处置程序和措施等内容。

专项应急预案主要内容如图2-3所示。

3. 现场处置方案

现场处置方案是生产经营单位根据不同事故类别,针对具体的场所、装置或设施所制订的应急处置措施,主要包括事故风险分析、应急工作职责、应急处置和注意事项等内容。生产经营单位应根据风险评估、岗位操作规程以及危险性控制措施,组织本单位现场作业人员及安全管理人员共同编制现场处置方案。

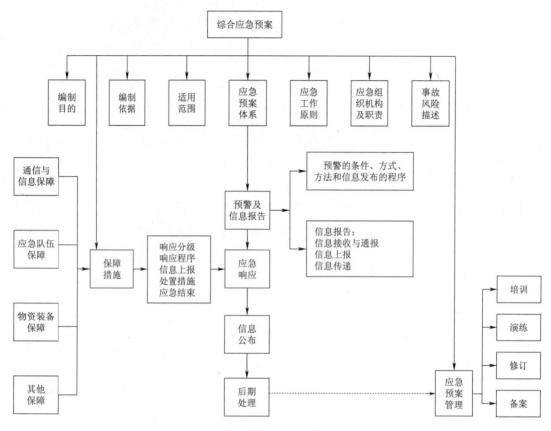

图 2-2　综合应急预案主要内容

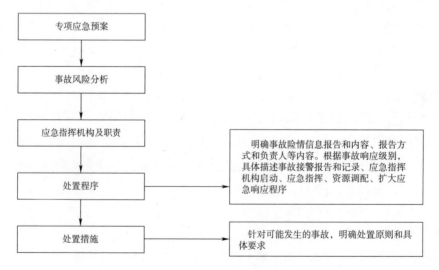

图 2-3　专项应急预案主要内容

第二章 危险货物道路运输企业运输事故应急预案的基本内容

现场处置方案主要内容如图2-4所示。

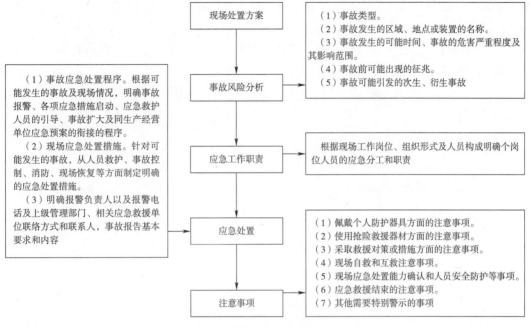

图 2-4 现场处置方案主要内容

危险货物道路运输企业,要根据本企业的实际情况编制应急预案,要侧重于现场处置方案,要注意兼顾综合应急预案、专项应急预案的通用内容要求,还要切实解决实际问题并具有可操作性。

二、企业概况

企业基本情况,至少应包括以下内容:
(1)企业地址、经营范围、经营规模。
(2)企业组织管理体系。
(3)从业人员、专用车辆情况。
(4)主要运输危险货物的 UN 编号、品名、运量和起始地、目的地、行驶路线图等。
(5)企业应急资源。
企业了解上述基本情况是有针对性地开展应急预防、应急处置等工作的前提。

三、应急救援组织设置

明确生产经营单位的应急救援组织形式及组成单位或人员,明确构成部门的职责。
《应急预案编制要求》要求设置应急救援组织,至少包括应急领导组、技术指导组和现场工作组,明确各组职责。但根据危险货物道路运输企业实际情况,一些中小企业不可能设置上述3个工作组。故危险货物道路运输企业在设置应急救援组织时,不论企业大小都要考虑如何落实应急领导组、技术指导组和现场工作组的职能。中小企业在保证功能的情况下，也可以将 3 个组合并成一个组。以下介绍各组应具备的职能。

1. 应急领导组

应急领导组主要由危险货物运输企业法人或委托法人担任组长，组员由技术、安全、保卫、运输等部门负责人组成，其主要职责有：

(1) 组织制定危险货物道路运输事故应急预案。

(2) 组织应急演练。

(3) 批准应急预案的启动和终止。

(4) 确定事故状态下各级人员的职责，确定现场指挥人员。

(5) 接受政府的指令和调动。

2. 技术指导组

技术指导组主要由企业具有专业应急救援知识的副经理或者安全部门负责人担任组长，组员由技术、安全、保卫、运输等部门技术人员组成，其主要职责有：

(1) 负责抢险方案的制订工作。

(2) 负责事故现场的抢险指挥工作，组织指挥应急救援队伍。

(3) 协调事故现场有关工作。

(4) 负责其他相关方面的指导工作。

3. 现场工作组

现场工作组主要由安全管理人员担任组长，组员由专业安全技术人员、消防人员、环境检测人员、罐车作业人员（驾驶人员、押运人员）、堵漏抢险人员、警戒保卫人员、后勤保障人员等组成，其主要职责有：

(1) 负责实施事故救援方案，开展事故应急处置工作。

(2) 负责现场治安、交通指挥、设立警戒、附近人群疏散等工作。

(3) 负责保护事故现场及相关物证、资料。

(4) 负责及时报告现场有关情况。

(5) 负责事故救援后现场处理工作。

(6) 负责实施应急领导组交办的其他工作。

四、事故及其灾害后果预测

应急预案是针对可能发生的事故提出的应急行动计划，事故及其灾害后果预测是应急预案编制的基础。事故及其灾害后果预测，也就是风险源与风险分析。为了更好地引导危险货物道路运输企业分析运输过程中可能发生的事故，《应急预案编制要求》在分析大量事故案例的基础上，结合多家运输企业经验，分析了运输过程中的第一危险源和第二危险源，总结出了事故及其灾害后果预测表（表 2-1）。运用表 2-1，企业可以依据选择的运输线路及环境状况、车辆状况和危险货物性质，确定运输过程中的危险因素，进而推导出可能的事故，

第二章 危险货物道路运输企业运输事故应急预案的基本内容

预测后果。为了引导企业做好事故及其灾害后果预测,《应急预案编制要求》还提供了事故及其灾害后果预测范本示例(表2-2和表2-3)。

事故及其灾害后果预测 表2-1

危险因素		发生危险场所或路段	时间段	可能引起的事故	灾害后果
驾驶人员	身体状况不良				
	操作失误				
危险货物	理化性质不稳定				
包装及罐体容器	包装引发相关问题				
	罐体自身缺陷引起罐体破损				
	阀门泄漏				
运输车辆及安全设备	安全附件失效				
	爆胎				
	制动不良				
	底盘故障				
道路条件	路面平整度差				
	连续下坡				
	陡坡、急弯				
	有限高				
	道路线形不合理				
交通状况	交通混行秩序差、车流量大				
	行驶过程中车辆事故				
沿途地质环境	山体突出				
	山体滑坡、崩塌				
	洪水、泥石流				
恶劣天气	暴雨				
	高温				
	大雪				
	大雾或严重雾霾				

液氯罐车事故及其灾害后果预测　　　　　　　　　　　　　　　表2-2

危险因素		发生危险场所或路段	时间段	可能引起事故	灾害后果
包装及罐体容器故障	罐体自身缺陷引起罐体破损	×××公路×××km	××点左右	液氯介质泄漏	1.健康危害 (1)侵入途径:吸入; (2)健康危害:对眼、呼吸道黏膜有刺激作用; (3)急性中毒; (4)慢性影响; (5)液态氯蒸发时要吸收大量的热,接触液氯可引起严重冻伤; (6)氯气浓度与对人体产生的效应见表2-3。 2.环境危害 对植物、禽兽,具有不同程度的破坏作用
	阀门泄漏	×××公路×××km	××点左右	液氯介质泄漏	
恶劣天气	高温暴晒	×××公路×××km	××点左右	罐体压力升高,罐体爆炸或安全阀开启,导致液氯介质泄漏	
交通状况	行驶过程中车辆事故	×××公路×××km	××点左右	引发液氯罐车的罐体破损,安全阀、压力表、液位计和装卸阀等损坏,导致液氯介质泄漏	

氯气浓度对人体产生的效应　　　　　　　　　　　　　　　表2-3

氯气浓度(mg/m^3)	效应
0.06	闻到气味(可产生一定的耐受性)
90	可致剧咳
120~180	30~60min 可引起中毒性肺水肿及肺炎
300	可造成致命损害
3000	危及生命

在此强调,《应急预案编制要求》仅给出了风险评估的分析问题和解决问题的定性方法。关于风险评估的定量分析方法,危险货物道路运输企业安全管理人员还要结合工作需要,进一步学习风险管理方面的专业知识。

第二节　危险货物道路运输企业运输事故应急处置

一、驾驶人员和押运人员应急处置

运输事故中,驾驶人员和押运人员是现场的第一发现者和施救者,主要职责就是全面、准确和及时地将信息报送到相关部门,并在条件许可的情况下,采取初期的处置措施,赢得最佳救援时机。依据《道路危险货物运输管理规定》第四十九条对事故处置规定、报警的要求,公安部《道路交通事故处理程序规定》第三章对报警和受理的要求,以及《公路交通突发

第二章 危险货物道路运输企业运输事故应急预案的基本内容

事件应急预案》3.2 节对应急处置的规定,确定了驾驶人员和押运人员在事故中主要职责为正确停车、有效的事故报警和报告、自我防护、在条件许可情况下设置警戒、警告标志、协助疏散人员和配合救援。

应急预案应当明确驾驶人员、押运人员在发生事故时,应急处置的具体内容。

1. 停车处置

《应急预案编制要求》要求,停车处置主要包括:

(1)立即停车,明确停车后将发动机熄火并切断所有电源的规定;对于无法立即停车的,明确移动后停车的条件,以及停车位置的要求。

(2)撤离驾驶室时需要携带《危险货物道路运输安全卡》等重要资料清单。

驾驶人员或押运人员撤离驾驶室时携带《道路危险货物运输安全卡》,是为了解所运危险货物的危险性、泄漏处理、储运要求、急救措施、灭火方法以及相关门联系电话等。

由于事故情况千变万化,停车处置的内容均不同,或者说有时是不能立即停车的。在事故发生初期,驾驶人员和押运人员采取的诸如正确停车、切断电源等初期处置措施,可以有效控制事故蔓延,为救援队伍争取时间。同时在事故现场采取一切可能的警示措施,如放置警告牌、设置警戒线、广播报警等,可有效避免更多的无关人员遭受伤害,把事故损失减少至最少。以下介绍几种正确的停车做法。

(1)在一般情况下,可以立即停车,关闭发动机并切断总电源。但此时车辆要立即开启危险报警闪光灯(打开双闪灯),在车后方 150m 处摆放警告标志。对于无法立即停车的(如在隧道内、加油站旁等),要将车辆驶入安全区域停车。

(2)在高速公路上发生事故时,应将车停在紧急停靠带内,此时车辆要立即开启危险报警闪光灯(打开双闪灯),在车后方 150m 处摆放警告标志。夜间、雨、雾等天气还应当同时开启示廓灯、尾灯和后雾灯。

(3)"迅速停车,观察情况"。查看车辆和罐体损坏及现场周边情况,如果发生危险品泄漏,条件允许时,迅速将车驶离水源、城镇、村庄和人员密集场所等区域,或直接就近将车停于空旷、低洼地点,及时关闭紧急制动阀、紧急封堵、用容器或吸油海绵收集等措施。

案例分析

2012 年 6 月 29 日凌晨,广深沿江高速 5km+300m 处发生一起货车与油罐车追尾相撞交通事故,导致油罐车中的溶剂油泄漏,继而引发爆燃,波及广深沿江高速公路高架桥下及周边的货物堆场、工棚,造成 20 人死亡,31 人受伤,直接经济损失约 4600 万元,过火面积 1396.1m^2。

6 月 29 日 4 时 19 分 22 秒,周某驾驶湘 B 罐车行驶至广深沿江高速、夏岗出口附近时(5km+300m),为了让同行的朋友下车,将车辆停靠在道路最外侧车道和应急车道之间(见下图)。4时20分10秒,刘某驾驶湘L5驶来,未采取任何避让措施,追尾碰撞湘B罐车,造成湘B罐车罐体破损,装载的约41t溶剂油泄漏,并沿高速公路路面(斜坡路段)自西向东流淌,同时经高速公路10个排水口的排水管,流淌至离高速公路高架桥约12m下方及周边地区。

事故直接原因是,周某驾驶超载的湘B罐车(重型半挂牵引车+重式罐式半挂车,核定载质量为27.8t,该车装载了54.22t,超载约95%。)在广深沿江高速公路违法停车,刘某驾驶湘L(货车,核定载质量为2.98t)追尾碰撞湘B罐车,造成湘B罐车装载的54.22t溶剂油泄漏。

(4)发生易燃液体罐车泄漏事故时,发现罐车容器管路系统出现有微小泄漏,尽可能在救援队伍到来之前进行检修、堵漏处理,可以有效避免泄漏点扩大,减少泄漏量。而当泄漏量增大、人员无法靠近时,应设置相应警戒隔离标志并立即离开危险区域,避免由于突发爆炸、火灾事故造成人员伤亡。

由违法停车案例可知,违法停车可能造成交通事故,并由交通事故导致危险货物罐车爆炸燃烧重大责任事故。同时还要注意,运输危险货物的专业车辆因事故原因需要紧急停车时,也要注意停车要求,不能违法、违规停车,避免造成次生事故。

2. 信息报告

《应急预案编制要求》要求,发生事故时要做好信息报告,报告内容包括:

(1)事故发生地报警电话。

(2)事故发生地交通运输主管部门、本企业24h有效的联络方式、手段。

(3)事故信息报告的流程和时限。

(4)事故信息报告的内容和方式。

也就是说,信息报告人要做好信息报告,第一要明确24h应急值守电话、事故信息接收、通报程序和负责人;第二要明确在事故发生后,向上级主管部门、上级单位报告事故信息的流程、内容、时限和责任人;第三要做好信息传递,明确事故发生后向有关部门或单位通报事故信息的方法和程序。

企业在接到事故报告后,及时有效地向安全生产监督管理部门、环境保护主管部门、卫

第二章　危险货物道路运输企业运输事故应急预案的基本内容

生主管部门等进行通报,并立即启动应急预案,会同最了解所运危险货物性质的托运人采取检修、灭火、维护现场秩序、警戒设置等应急措施,联络、协助相关救援部门、单位进行事故救援。

3. 报告内容

《应急预案编制要求》要求,事故信息报告的内容至少应包括以下部分:

(1)报告人姓名、联系方式。

(2)发生的事故及部位。

(3)发生时间、具体地点(如×××公路×××km处)、行驶方向。

(4)车辆牌照、荷载吨位、车辆类型、罐车罐体容积,当前状况。

(5)UN编号、危险货物品名、数量,当前状况。

(6)人员伤亡及危害情况。

(7)已采取或拟采取的应急处置措施。

报警时,还可以进一步强调事故性质(如由交通事故引发的危险货物泄漏、火灾、爆炸等)。

在发生事故时,全面、准确和及时地将信息报送到相关部门是驾驶人员和押运人员最主要的职责,因此,合理地确定事故报告内容,显得尤为主要。按照交通运输部《交通运输突发事件信息报告和处理办法》对信息报告的要求和规定,应从运输的危险货物及其当时的状态、运送的车辆及当时的状态、事故基本信息及其已经产生的影响,采取的措施等方面确定报送内容。

危险货物道路运输事故发生后,驾驶人员、押运人员要立即报告事发地公安交通管理部门和本企业。由于在实际运输过程中的危险货物道路运输事故,大多数是交通事故或是由交通事故导致危险货物泄漏、燃烧、爆炸等责任事故,故发生事故后第一时间报告公安部门。此外,还要强调《危险化学品安全管理条例》要求道路运输过程中发生危险化学品事故的,驾驶人员或者押运人员还应当向事故发生地交通运输主管部门报告。事故报警流程如图2-5所示。

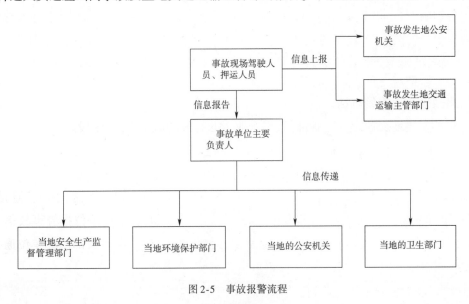

图2-5　事故报警流程

事故现场的驾驶人员、押运人员除了要及时向事故发生地公安机关、交通运输主管部门报警,还要向本企业汇报。

4.现场处置

《应急预案编制要求》要求,针对灾害后果预测表中事故和灾害后果,现场处置至少应明确以下内容:

(1)个体防护措施。

(2)初期应急处置措施。

(3)放置警告标志、设置警戒、协助疏散人员方案。

(4)现场保护方案。

(5)配合政府部门开展应急救援的要求。

事故发生后,驾驶人员、押运人员需采取措施有:

(1)个体防护,以确保自身安全。如穿防护服、佩戴自供正压式呼吸器、停留在上风向区域等。如有需要,施救人员要抓紧取出备用的应急装备包,穿戴好防护装备,如无法取出装备,采取简易有效的防护措施保护自己。

(2)初期应急处置。事故报告后,驾驶人员应根据危险货物的不同特性,采取相应的应急措施。如针对爆炸品爆炸燃烧等事故,需用水冷却灭火,不能采取窒息法或隔离法;对其撒漏物,应及时用水湿润,再撒以锯末或棉絮等松软物品收集并保持相当湿度,报请公安部门或消防人员处理。

(3)放置警告标志、设置警戒、协助疏散人员。警告标志和警戒的设置应按照《中华人民共和国道路交通安全法实施条例》和《道路危险货物运输管理规定》的规定规范设置。隔离事故现场,把现场人员疏散或转移至安全区域,应选择安全的撤离路线,一般是从上风侧(口)离开现场。

(4)现场保护。肇事车停位、伤亡人员倒位、各种碰撞碾压的痕迹、制动拖痕、血迹及其他散落物品均属保护内容,不得破坏、伪造。如危险货物泄漏有爆炸、火灾、中毒可能危及安全时,驾驶人员应劝导阻止无关人员和车辆进入现场。并在现场周边设置安全警示标志,提示过往行人和车辆注意避让。

(5)根据车上运载的危险品货物性质、危害特性、包装容器的使用特性采取相应的应急措施。如油罐运输车、液化气运输车、腐蚀品运输车采取相应的应急器材和防护用品。

(6)发生火灾等事故。遇到火灾初期,可迅速取出灭火器灭火或用路边沙土扑救;火势失控应放弃个人扑救,采取应急疏散、撤离和逃生措施,待消防救援人员到场后,配合开展救援行为。

(7)其他相关提示:

①在高速公路上,驾驶人员、押运人员要注意自身安全防护,必须停留在安全区域。

②在高架桥上,要提示引导相关人员沿桥面疏散、撤离和逃生。

③在夜间,要摆放应急警示灯,提示过往车辆注意避让。

第二章 危险货物道路运输企业运输事故应急预案的基本内容

④在人员密集区域要告诫围观群众远离,且现场周边严禁烟火。

⑤遇突发自然灾害时,驾驶人员应立即将危险货物车辆停放于安全地带。

二、企业应急处置

1. 信息报送与通信联络

《应急预案编制要求》要求,信息报送与通信联络至少应明确以下内容:

(1)当地安全生产监督管理部门、环境保护、公安、卫生主管部门有效的联络方式和手段。

(2)本企业和托运人24h有效的应急通信联络方式。

(3)事故信息接收和通报程序、内容和时限。

2. 响应分级

《应急预案编制要求》要求,危险货物道路运输企业应依据事故等级确定应急响应级别:可以根据事故可能造成不同程度的人员、财产及环境危害,企业需要有针对性地采取相应的应急响应,并对应急救援组织的行动作出规定,以确保有秩序地进行救援,减少事故损失。基于危险货物运输事故等级的划分,有些企业将响应级别设为三级。

(1)Ⅲ级响应针对一般事故,要求事发单位立即按照现场应急处置方案采取紧急措施,相关职能部门和事发单位的主要负责人应在最短时间内赶赴现场,参与制订方案,指导、协调和督促有关人员开展工作。

(2)Ⅱ级响应针对较大事故,需要应急指挥领导小组副组长和相关职能单位主要负责人应在最短时间内赶赴现场,参与制订方案,指导、协调和督促有关部门开展工作,并配合与协调外部救援力量和政府部门的事故应急救援行动。

(3)Ⅰ级响应针对重大及以上事故,应急领导组组长和相关职能部门主要负责人应在最短时间内赶赴现场,参与制订方案,指导、协调和督促有关部门开展工作,并配合与协调外部救援力量和政府部门的事故应急救援行动。当事故对企业造成极恶劣的影响或企业无法自行处置时,企业应立即上报地方主管部门,必要时启动地方应急处置机制。

应急指挥部接到事件报警后,根据事件的详细信息,对警情作出判断。确定可能的响应级别后,迅速上报和通知相应的应急组织机构,及时开展应急救援工作。

3. 应急响应和行动

根据事故的大小和发展态势,明确应急指挥、应急行动、资源调配、应急避险、扩大应急等响应程序(行动)。

《应急预案编制要求》要求,依据事故级别确定应急响应级别时,至少应明确以下内容:

(1)应急指挥。

(2)分析、评估事态及发展。

(3)对现场应急处置的技术指导。

(4)应急资源调配。

(5)接受主管部门的组织、调度和指挥,协助应急救援。

(6)扩大应急。

4. 应急结束

明确应急终止条件。事故现场得以控制,环境符合有关标准,导致次生、衍生事故隐患消除后,经事故现场应急指挥机构批准后,现场应急结束。

《应急预案编制要求》要求,应急结束时至少应明确以下内容:

(1)应急终止条件。

(2)事故情况上报事项。

(3)需向事故调查处理小组移交的相关事项。

三、信息发布与后期处置

根据我国有关法规,发生的道路运输事故,根据其危害程度大小,由各级政府部门组织救援,包括应急响应、应急处置、信息发布及后期处置等环节。而事故发生地的其他单位和道路运输企业应当服从政府发布的决定和命令,配合政府采取应急处置措施,接受交通运输主管部门的组织、调度和指挥,做好本单位的应急救援和处置工作。因此,危险货物道路运输企业应根据政府和交通运输主管部门的要求,给出事故信息发布的条件,明确信息范围和内容;同时,根据相关法律法规要求,积极实施恢复和重建等后期处置措施。

1. 信息发布

《应急预案编制要求》要求,明确事故信息发布的条件、部门、范围和内容等。

事故信息应由事故现场指挥部及时准确地向新闻媒体通报事故信息。

2. 后期处置

后期处理主要包括污染物处理、事故后果影响消除、生产秩序恢复、善后赔偿、抢险过程和应急救援能力评估及应急预案的修订等内容。

《应急预案编制要求》要求,恢复和重建等后期处置措施,至少应明确以下内容:

(1)污染物处理。

(2)受伤人员处理。

(3)事故后果影响消除和生产运输秩序恢复。

(4)善后赔偿。

(5)事故经过、原因和应急处置工作经验教训报告。

(6)应急预案的更新。

综上所述,企业应急处置措施,可以简单归纳如图2-6所示。

第二章　危险货物道路运输企业运输事故应急预案的基本内容

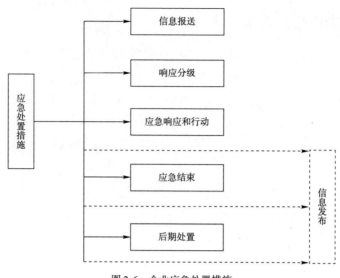

图2-6　企业应急处置措施

第三节　危险货物道路运输企业运输事故应急救援指挥

为了做好应急救援指挥工作，国家安全生产监督管理总局颁布了《危险化学品事故应急救援指挥导则》(AQ/T 3052—2015)(以下简称《应急救援指挥导则》)，本节结合该标准，介绍应急救援指挥的有关要求。救援指挥是应急救援的重点、核心，危险货物道路运输企业虽然在重大事故应急救援工作中不担当指挥职责，但也应当了解应急救援指挥的基本要求、理念。

一、应急救援指挥的基本原则

(1)坚持救人第一、防止灾害扩大的原则。在保障施救人员安全的前提下，果断抢救受困人员，迅速控制危险化学品事故现场，防止灾害扩大。

(2)坚持统一领导、科学决策的原则。由现场指挥和总指挥部根据预案要求和现场情况变化，领导应急响应和应急救援。现场指挥部负责现场具体处置，重大决策由总指挥部决定。

(3)坚持信息畅通、协同应对的原则。总指挥部、现场指挥部与援救队伍应保证实时互通信息，提高援救效率，在事故单位开展自救的同时，外部救援力量根据事故单位的需求和总指挥部的要求参与救援。

(4)坚持保护环境、减少污染的原则。在处置中应加强对环境的保护，控制事故范围，减少对人员、大气、土壤、水体的污染。在救援过程中，有关单位和人员应考虑妥善保护事故现场及相关证据。任何人不得以救援为借口，故意破坏事故现场及毁灭相关证据。

二、应急救援指挥的基本程序

应急救援指挥的基本程序,包括应急响应、警戒隔离、人员防护与救护、现场处置、现场检测、洗消、现场清理、信息发布、救援结束等。

1. 应急响应

发生事故后,事故单位应立即启动应急预案,组织成立现场指挥部,制订科学、合理的救援方案,并统一指挥实施。事故单位在开展自救的同时,应按照有关规定向当地政府部门报告。

现场指挥部根据情况,划定本单位警戒隔离区域,抢救、撤离遇险人员,制订现场处置措施,及时将现场情况及应急救援进展情况报告总指挥部,向总指挥部提出外部救援力量、技术、物资支持、疏散公众等请求和建议。

总指挥部根据现场指挥部提供的情况对应急救援进行指导,划定事故单位周边警戒隔离区域,根据现场指挥部请求调集有关资源、下达应急疏散指令。

现场指挥部和总指挥部应及时了解事故现场情况,主要了解下列内容:

(1)遇险人员伤亡、失踪、被困情况。
(2)危险化学品危险特性、数量、应急处置方法等信息。
(3)周边建筑、居民、地形、电源、火源等情况。
(4)事故可能导致的后果及对周边区域的可能影响范围和危害程度。
(5)应急救援设备、物资、器材、队伍等应急力量情况。

2. 警戒隔离

根据现场危险化学品自身及燃烧产生的毒害性、扩散趋势、火焰辐射热和爆炸、泄漏所涉及的范围等相关内容对危险区域进行评估,确定警戒隔离区。在警戒隔离区边界设警示标志,并设专人负责警戒。

警戒时,要合理设置出入口,除应急救援人员外,严禁无关车辆、无关人员进入。

3. 人员防护与救护

(1)应急援救人员防护。调集所需安全防护装备。现场应急救援人员应针对不同的危险特性,采取相应安全防护措施后,方可进入现场救援,并控制、记录进入现场救援人员的数量。现场安全监测人员若遇直接危及应急人员生命安全的紧急情况,应立即报告救援队伍负责人和现场指挥部,救援队伍负责人、现场指挥部应迅速作出撤离决定。

(2)遇险人员救护。救援人员应携带救生器材迅速进入现场,将遇险受困人员转移到安全区,并将警戒隔离区内与事故应急处理无关人员撤离至安全区。撤离时要选择正确的方向和路线。对救出人员进行现场急救和登记后,交专业医疗卫生机构处置。

(3)公众安全防护。总指挥部根据现场指挥部疏散人员的请求,决定并发布疏散指令。疏散时,应选择安全疏散路线,避免横穿危险区,并根据危险化学品的危害特性,指导疏散人员就地取材(如毛巾、湿布、口罩),采取简易有效的措施保护自己。

第二章 危险货物道路运输企业运输事故应急预案的基本内容

4.现场处置

现场处置主要包括:火灾爆炸事故处理、泄漏事故处理、中毒窒息事故处理、其他处置要求等。

(1)火灾爆炸事故处理。扑灭现场明火应坚持先控制后扑灭的原则。依据危险化学品性质、火灾大小采用冷却、堵截、突破、夹攻、合击、分割、围歼、破拆、封堵、排烟等方法进行控制与灭火。

根据危险化学品特性,选择正确的灭火剂。禁止用水、泡剂等含水灭火剂扑救遇水放出易燃气体的物质、易于自燃的物质火灾;禁止直流水冲击扑灭粉末状、易沸溅危险化学品火灾;禁用砂土盖压扑灭爆炸品火灾;易使用低压水流或雾状水扑灭腐蚀性物质火灾;禁止对液体轻烃强行灭火。

(2)泄漏事故处理。泄漏事故处理主要包括:控制泄漏源、控制泄漏物。

(3)中毒窒息事故处理。将中毒窒息者立即转移至上风向或侧上风向空气无污染区域,并进行紧急救治。经现场紧急救治,伤势严重者立即送医院观察治疗。

(4)其他处置要求。现场指挥人员发现危及人身生命的紧急情况,应迅速发出撤离信号。若因火灾引发泄漏中毒事故,或因泄漏引发火灾爆炸事故,应统筹考虑,优先采取保障人员生命安全、防止灾害扩大的救援措施。同时,注意维护现场救援秩序,防止救援过程中发生车辆碰撞、车辆伤害、物体打击、高处坠落等事故。

5.现场检测

现场检测,注意是对可燃、有毒有害危险化学品的浓度、扩散等情况进行动态检测。同时,还要注意测定风向、风力、气温等气象数据和装置(如运输车辆)、设施已经受到的破坏或潜在的威胁(如车辆是否会爆炸)。

6.洗消

在威胁区与安全区交界处设立洗消站。使用相应的洗消剂,对所有染毒人员及工具、装备进行洗消。

7.现场清理

(1)彻底清除事故现场各处残留的有毒气体。

(2)对泄漏液体、固体应统一收集处理。

(3)对污染地面进行彻底清洗,确保不留残液。

8.信息发布

事故信息由总指挥部统一对外发布。信息发布应及时、准确、客观、全面。

9.救援结束

事故现场处理完毕,遇险人员全部救出,可能导致次生、衍生灾害的隐患得到彻底消除或控制后,由总指挥部发布救援行动结束指令。然后,清点救援人员、车辆及器材。

解除警戒,指挥部解散,救援人员返回。事故单位对应急救援资料进行搜集、整理、归档,对救援行动进行总结评估,并报上级有关部门。

第三章

危险货物道路运输企业运输事故应急救援物资及应急演练

  配备应急救援物资、开展应急演练是提高应急能力、检验危险货物道路运输企业运输事故应急预案有效性的重要途径。本章主要介绍危险货物道路运输企业配备应急救援物资和开展应急演练的相关要求。

第三章 危险货物道路运输企业运输事故应急救援物资及应急演练

第一节 危险货物道路运输企业运输事故应急救援物资

应急救援物资是指危险化学品单位配备的用于处置危险化学品事故的车辆和各类侦检、个体防护、警戒、通信、输转、堵漏、洗消、破拆、排烟照明、灭火、救生等物资及其他器材[1]。危险化学品单位,包括生产、经营、储存、运输、使用危险化学品和处置废弃危险化学品的企业。

危险货物道路运输企业应根据本单位危险化学品的种类、数量和危险化学品发生事故的特点进行配置应急救援物资;应急救援物资应符合实用性、功能性、安全性、耐用性以及单位实际需要的原则,应满足单位员工现场应急处置和企业应急救援队伍(针对大型企业而言)所承担救援任务的需要。

危险货物道路运输企业专职安全管理人员应根据本企业所运危险货物的特性配备相应的应急救援物资,并保证发生事故时能及时供应、正确使用。由于危险货物道路运输企业规模不同,其配置的应急救援物资的要求也不同。在此对大型企业介绍配置应急救援物资的要求,中小企业的专职安全管理人员作为常识性知识了解。

《应急预案编制要求》要求应急保障,至少应明确以下内容:

(1)与应急工作相关联的单位或人员通信联系方式和方法,并提供备用方案。

(2)本企业和托运人的应急救援队伍。

(3)应急装备、物资和储备运力,主要包括名称、型号、数量、性能、存放地点、管理者及其通信联系方式等。

(4)应急专项经费,主要包括来源、使用范围、额度和监督管理措施。

(5)其他相关保障,如运输保障、治安保障、技术保障、医疗保障、后勤保障等。

危险货物道路运输事故的应急保障是一项系统工程,不是某个部门或某个人所能独立解决的,它需要处理事故的各要素主体共同参与、相互配合完成,其中包括中央及地方各级政府、危险货物道路运输管理机构、危险货物道路运输行业协会、危险货物道路运输企业等相关部门。政府作为事故应急保障的最核心要素,起到统筹协调、全面指导的作用。而危险货物道路运输企业作为危险货物道路运输的主要执行者,应保证基本的应急能力,形成一套完备的事故应急保障体系,至少包括与参与救援的部门联系方式、应急队伍、应急装备、物资和储备运力,以及应急专项经费和其他相关保障等。一旦发生事故,企业可以配合政府,在最短的时间内调配人力和物力,启动应急预案和快速响应机制,指挥各要素主体快速投入应急救援当中。

---

[1]《危险化学品单位应急救援物资配备标准》(GB 30077—2013)3.6。

一、现场救援物资

1. 应急救援器材专用柜

在危险化学品单位作业场所,应急救援物资应存放在应急救援器材专用柜或指定地点。危险货物道路运输企业,通常采用类似小型集装箱的应急救援器材专用柜(图3-1)。应急救援器材专用柜,放在本企业内随时待用。当车辆发生事故时,企业救援车辆立即吊上(装上)应急救援器材专用柜,前往事故现场。这种集装箱似的应急救援器材专用柜,便于救援车辆携带、机动性强。同时也可以配合兄弟企业救援时使用。

应急救援器材专用柜内,应根据本企业所运危险货物的特性配备应急救援物资。

图3-1 小型集装箱形状的应急救援器材专用柜

2. 应急救援物资

应急救援物资有:

(1)正压式空气呼吸器。

(2)化学防护服。具有有毒腐蚀液体危险化学品的作业场所。

(3)过滤式防毒面具。类型根据有毒有害物质确定。

(4)气体浓度检测仪。检测气体浓度,根据作业场所的气体确定。

(5)手电筒。易燃易爆场所,防爆。

(6)对讲机。易燃易爆场所,防爆。

(7)急救箱或急救包。物资清单可参考《工业企业设计卫生标准》(GBZ 1—2010)。

(8)吸附材料或堵漏器材。处理化学品附泄漏;以工作介质理化性质选择吸附材料,常用吸附材料为砂土(具有爆炸危险性的除外)。

(9)洗消设施❶或清洗剂。洗消受污染或可能受污染的人员、设备和器材;可随救援车配备。

(10)应急处置工具箱。工具箱内配备常用工具或专业处置工具。防爆场所应配置无火花工具。

3. 应急救援车辆

有条件的大型企业,可以配备救援车辆。地方人民政府,也可以根据辖区内危险货物道路运输情况,组建专业性的救援队伍,配备救援车辆。

应急救援车辆车厢内相关装备如图3-2所示。

---

❶洗消设施包括洗消门、消毒药品和洗消器材,对进入人员进行局部或全身洗消,避免将放射性灰尘、毒剂带入人防工程内,以确保人防工程内人员的安全。

第三章 危险货物道路运输企业运输事故应急救援物资及应急演练

a) 移动供气源

b) 各种防化服及呼吸器

c) 排烟机

d) 水雾灭火系统

图 3-2 应急救援车辆车厢内相关装备图

二、应急救援人员个体防护装备

1. 主要装备

(1) 消防头盔。头部、面部及颈部的安全防护。

(2) 二级化学防护服装。化学灾害现场作业时的躯体防护。

(3) 一级化学防护服装。重度化学灾害现场全身防护。

(4) 灭火防护服。灭火救援作业时的身体防护；指挥员可选配消防指挥服。

(5) 防静电内衣。可燃气体、粉尘、蒸气等易燃易爆场所作业时的躯体内层防护。

(6) 防化手套。手部及腕部防护；应针对有毒有害物资穿透性选择手套材料。

(7) 防化靴。事故现场作业时的脚部和小腿部防护；易燃易爆场所应配备防静电靴。

(8) 安全腰带。登梯作业和逃生自救。

(9) 正压式空气呼吸器。缺氧或有毒现场作业时的呼吸防护。备用气瓶按照正压式空气呼吸器总量 1∶1 备份。

(10) 佩戴式防爆照明灯。单人作业照明。

(11) 轻型安全绳。救援人员的救生、自救和逃生。

(12)消防腰斧。破拆和自救。

2. 防护用品

各类防护服、防护用品包括耐高温手套、防滑手套、电工绝缘手套、防化水靴、轻型内置防化服、半面罩、全面罩、冷却背心、外置防化服、防静电工作服、防静电鞋等。重型防护服如图3-3所示。

a)

b)

图3-3 重型防护服

防冻服及防冻手套如图3-4所示。

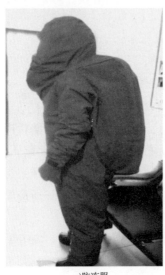
a)防冻服

b)防冻手套

图3-4 防冻服及防冻手套

第三章　危险货物道路运输企业运输事故应急救援物资及应急演练

三、其他物质

1. 消防器械

水雾灭火系统、消防水带、消防水枪、灭火器等消防器械如图3-5所示。

a) 灭火器　　　　　　　　　　　　b) 消防水枪

图 3-5　消防器械

2. 回收设备

吸附垫、收集池、围油栏、排油泵、防爆软管泵、有毒物质回收桶、砂土、锯末、棉絮、软刷、塑料簸箕、洗消废水回收袋、废物收集池等。有毒物质回收桶、围油栏、防爆软管泵如图3-6所示。

a) 有毒物质回收桶和围油栏　　　　　　　　　　b) 防爆软管泵

图 3-6　泄漏物品回收设备

3. 堵漏器材

（1）木制堵漏楔如图3-7所示，主要用于各类孔洞状较低压力的堵漏作业；材料经专门绝缘处理，防裂，不变形。

（2）气动吸盘式堵漏工具如图3-8所示，主要用于封堵不规则孔洞；气动、负压式吸盘可输传❶作业。

---

❶ 如输传泵。吸附、输传各种液体；易燃易爆场所应为防爆。

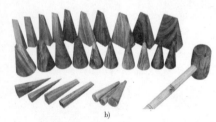
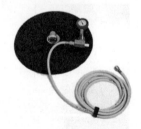

图 3-7　木制堵漏楔（堵漏木塞）　　　　　　图 3-8　气动吸盘式堵漏工具

（3）粘贴式堵漏工具如图 3-9 所示，主要用于各种罐体和管道表面点状、线状泄漏的堵漏作业。

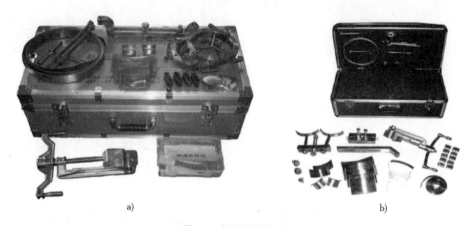

图 3-9　粘贴式堵漏工具

（4）电磁式堵漏工具如图 3-10 所示。

图 3-10　电磁式堵漏工具

电磁式堵漏工具主要用于各种罐体和管道表面点状、线状泄漏的堵漏作业，适用温度不大于 80℃。

（5）注入式堵漏工具如图 3-11 所示。主要用于阀门或凸缘作业；无火花材料；配有手动液压泵，液压不小于 74MPa；适用温度 -100 ~ 400℃。

第三章 危险货物道路运输企业运输事故应急救援物资及应急演练

图 3-11 注入式堵漏工具

(6) 无火花工具如图 3-12 所示，主要用于易燃、易爆事故现场的手动作业，铜制材料。

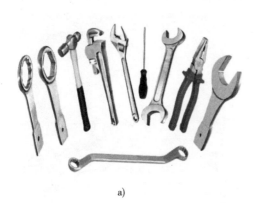 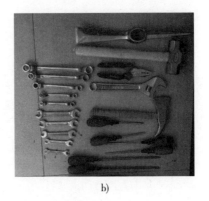

图 3-12 无火花工具

(7) 金属堵漏套管如图 3-13 所示，主要用于各种金属管道裂缝的密封堵漏。

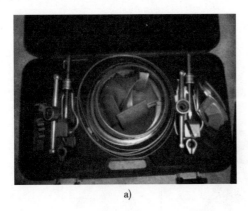 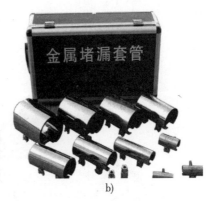

图 3-13 金属堵漏套管

4. 警示器材

(1) 警戒标志杆如图 3-14 所示，主要用于灾害事故现场警戒，有反光功能。

(2) 锥形事故标志柱如图 3-15 所示，主要用于灾害事故现场道路警戒。

图 3-14　警戒标志杆　　　　　　　　　图 3-15　锥形事故标志柱

(3)隔离警示带如图 3-16 所示,主要用于灾害事故现场警戒,双面反光,每盘长度约 500m。

图 3-16　隔离警示带

(4)危险警示牌如图 3-17 所示,主要用于灾害事故现场警戒警示,分为有毒、易燃、泄漏、爆炸、危险等 5 种标志,图案为反光材料。危险警示牌与标志杆配套使用,易燃易爆环境应为无火花材料。

图 3-17　危险警示牌

(5)闪光警示灯如图 3-18 所示,主要用于灾害事故现场警戒警示;频闪型,光线暗时自动闪亮。

第三章 危险货物道路运输企业运输事故应急救援物资及应急演练

图 3-18　闪光警示灯

（6）手持扩音器如图 3-19 所示，主要用于灾害事故现场指挥；功率大于 10W，同时应具备警报功能。

5. 救生、医疗物资

（1）救生物资主要有：逃生面罩、折叠式担架、救生软梯、安全绳等。

（2）医疗物资主要有：正压式空气呼吸器（图 3-20）、医用氧气、医疗急救箱以及洗眼液、洗眼器、各种药品。

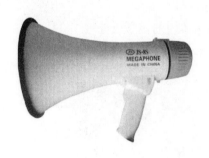 

图 3-19　手持扩音器　　　　　　图 3-20　正压式空气呼吸器

6. 侦检器材

（1）有毒有害气体检测仪如图 3-21 所示，具备自动识别、防水、防爆性能，能探测有毒、有害气体及氧含量。

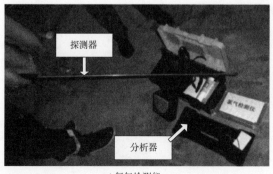 

a) 氯气检测仪　　　　　　b) 有毒气体检测仪

图 3-21　有毒有害气体检测仪

(2)可燃气体检测仪如图3-22所示,可检查事故现场多种易燃易爆气体的浓度。

(3)红外线测温仪如图3-23所示,能测量事故现场温度;可预设高温、低温危险警报。

 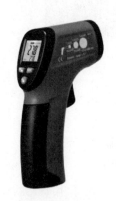

图3-22 可燃气体检测仪　　　　图3-23 红外线测温仪

(4)便携式气象仪如图3-24所示,能测量风速、风向、温度、湿度、大气压等气象参数。

(5)水质分析仪,如图3-25所示,可定性分析液体内的化学成分。

 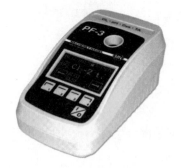

图3-24 便携式气象仪　　　　图3-25 便携式水质分析仪

应急救援物资配备示意图如图3-26所示。

- 堵漏应急物资

- 个人防护用品

- 现场急救物品
  - 洗眼器 & 冲淋器
  - 急救包
  - ……
- 其他需要的物资

图3-26 应急救援物资配备示意图

第三章　危险货物道路运输企业运输事故应急救援物资及应急演练

四、建立应急救援物资管理制度

危险货物道路运输企业应建立应急救援物资的有关制度和记录。主要有：
（1）物资使用管理制度。
（2）物资测试检修制度。
（3）物资调用和使用记录。
（4）物资检查维护、报废及更新记录。

同时还要做到：一是应急救援物资应明确专人管理；严格按照产品说明书要求，对应急救援物资进行日常检查、定期维护；应急救援物资应存放置在便于取用的固定场所，摆放整齐，不得随意摆放、挪作他用；二是应急救援物资应保持完好，随时处于备战状态；物资若有损坏或影响安全使用的，应及时修理、更换或报废；三是应急救援物资的使用人员，应接受相应的培训，熟悉装备的用途、技术性能及有关使用说明资料，并遵守操作规程。

第二节　危险货物道路运输企业运输事故应急演练

危险货物道路运输企业在开展应急演练前，首先要根据《应急预案编制要求》的要求开展应急培训。应急培训至少应明确培训对象、培训内容、培训方式、培训频率和时间（计划）等内容。

同时，《应急预案编制要求》要求应急演练至少应明确以下内容：
（1）应急演练目标、内容、规模。
（2）参加应急演练的部门及人员。
（3）应急演练频次。
（4）评估、总结。

为全面提高应急能力，应急预案应对应急培训和应急演练作出相应的规定，包括其内容、规模、方式、频率和总结等。同时各级安全生产监督管理部门、生产经营单位应当采取多种形式开展应急预案的宣传教育，普及生产安全事故预防、避险、自救和互救知识，提高从业人员安全意识和应急处置技能。

各级安全生产监督管理部门应当定期组织应急演练，提高本部门、本地区生产安全事故应急处置能力。危险货物道路运输企业应当编制本企业的应急演练计划，根据本企业的事故预防重点，每年至少组织一次综合应急演练或者专项应急演练，每半年至少组织一次现场应急演练。应急演练结束后，应急演练组织单位应当对应急演练效果进行评估，撰写应急演练评估报告，分析存在的问题，并对应急预案提出修订意见。

一、应急演练的有关概念

1. 术语和定义

（1）事故情景。针对生产经营过程中存在的危险源或有害因素而预先设定的事故状况

(包括事故发生的时间、地点、特征、波及范围以及变化趋势等)。

(2)应急演练。针对事故情景,依据应急预案而模拟开展的预警行动、事故报告、指挥协调、现场处置等活动。

(3)综合应急演练。针对应急预案中多项或全部应急响应功能开展的应急演练活动。

(4)单项应急演练。针对应急预案中某项应急响应功能开展的应急演练活动。

(5)现场应急演练。选择(或模拟)生产经营活动中的设备、设施、装置或场所,设定事故情景,依据应急预案而模拟开展的应急演练活动。

2. 应急演练目标(目的)

(1)检验预案。发现应急预案中存在的问题,提高应急预案的科学性、实用性和可操作性。及时发现应急预案(应急响应计划和应急响应系统)中存在的问题与不足,加以改进与完善。

(2)锻炼队伍。熟悉应急预案,提高应急人员在紧急情况下妥善处置事故的能力。使参与应急响应的各部门熟悉、掌握各自在应急响应中的职责。同时也考核各级应急响应人员对所需理论与实际操作技能熟练掌握的程度。

(3)磨合机制。完善应急管理相关部门、单位和人员的工作职责,提高协调配合能力。保证应急响应各有关环节快速、协调、有效的运作。

(4)宣传教育。普及应急管理知识,提高参演和观摩人员风险防范意识和自救互救能力。

(5)完善准备。完善应急管理和应急处置技术,补充应急装备和物资,提高其适用性和可靠性。

(6)自身保护。提高安全意识和突发事件的应变能力、自身防护能力,降低事故损失和影响。

3. 应急演练原则

应急演练方案策划时,要考虑本次应急演练是针对动用企业内部应急资源进行全面应急演练进行情景设计,按照《安全生产法》、《危险化学品安全管理条例》等国家相关法律、法规、标准和企业应急预案的要求,进行应急演练策划,遵守保护生命和"安全第一、预防为主"的方针以及"救护优先、防止和控制事故扩大优先、保护环境优先"的原则,并在组织实施过程中,结合实际、突出重点、讲究实效,保证应急演练参与人员、公众和环境的安全。应急演练应符合以下原则:

(1)符合相关规定。按照国家相关法律、法规、标准及有关规定组织开展应急演练。

(2)切合企业实际。结合企业生产安全事故特点和可能发生的事故类型组织开展应急演练。

(3)注重能力提高。以提高指挥协调能力、应急处置能力为主要出发点组织开展应急演练。

(4)确保安全有序。在保证参演人员及设备设施安全的条件下组织开展应急演练。

第三章　危险货物道路运输企业运输事故应急救援物资及应急演练

4. 应急演练作用

开展应急演练是提高应急能力、检验危险货物道路运输企业运输事故应急预案有效性的重要途径。危险货物道路运输企业应当定期开展应急演练,及时修订应急预案,切实增强应急预案的有效性、针对性和操作性。通过应急演练,让每个可能涉及的相关部门、从业人员,尤其是运输第一线的驾驶人员、押运人员熟知事故发生后如何报告(报警)、如何进行现场抢救、如何联络人员、如何避灾以及采取何种技术措施的方式和程序,提高广大从业人员的应急处置能力。一旦发生生产安全事故,将真正起到能够防止事故扩大、极大减少人员伤亡的作用。专职安全管理人员应当根据本单位的安排,积极组织本单位的应急演练,制订详细的工作方案,精心组织实施,确保应急演练取得效果。

应急演练不仅可以在实践中验证应急预案的实用性、可操作性,培训、锻炼了参与人员;同时也可以通过应急演练发现应急预案的问题,从而改进、完善、提高应急预案(图3-27)。

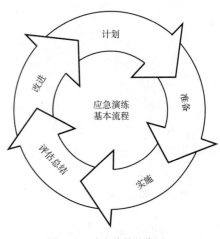

图3-27　应急演练的作用

二、应急演练内容、规模、人员

1. 应急演练内容

应急演练内容应根据本企业的应急预案内容进行策划。危险货物道路运输的大型企业,尤其是与政府部门(如道路运输管理机构)联合进行应急演练时,可以从以下方面考虑应急演练内容:

(1)预警与报告。根据事故情景,向相关部门或人员发出预警信息,并向有关部门和人员报告事故信息。

(2)指挥协调。根据事故情景,成立应急指挥部,调集应急救援队伍等相关资源,开展应急救援行动。

(3)应急通信。根据事故情景,在应急救援相关部门或人员之间进行音频、视频信号或数据信息互通。

(4)事故监测。根据事故情景,对事故现场进行观察、分析或测定,确定事故严重程度、影响范围和变化趋势等。

(5)警戒与管制。根据事故情景,建立应急处置现场警戒区域,实行交通管制,维护现场秩序。

(6)疏散与安置。根据事故情景,对事故可能波及范围内的相关人员进行疏散、转移和安置。

(7)医疗卫生。根据事故情景,调集医疗卫生专家和卫生应急队伍开展紧急医学救援,并开展卫生监测和防疫工作。

(8) 现场处置。根据事故情景,按照相关应急预案和现场指挥部要求对事故现场进行控制和处理。

(9) 社会沟通。根据事故情景,召开新闻发布会或事故情况通报会,通报事故有关情况。

(10) 后期处置。根据事故情景,应急处置结束后,开展事故损失评估、事故原因调查、事故现场清理和相关善后工作。

2. 应急演练规模

危险货物道路运输企业要结合实际,定期组织相关人员进行应急救援预案演习,演习规模可分为两种:

(1) 全面、系统的演习,以检验整个应急救援系统各环节的有效性。

(2) 针对应急救援系统中某个环节进行演习,以进一步完善应急救援预案,也可增强应急救援人员熟悉应急救援行动的机会。

3. 参加应急演练的部门及人员

涉及危险货物道路运输任务的部门和从业人员。

三、综合应急演练组织与实施

针对规模较大的综合应急演练组织与实施,应包括:应急演练计划、应急演练准备和应急演练实施等内容。

1. 应急演练计划

应急演练计划应包括应急演练目的、类型(形式)、时间、地点、应急演练主要内容、参加单位和经费预算等。

2. 应急演练准备

(1) 成立应急演练组织机构。综合应急演练通常成立应急演练领导小组,下设策划组、执行组、保障组、评估组等专业工作组。根据应急演练规模大小,其组织机构可进行调整。

(2) 编制应急演练文件。编制文件包括:制订工作方案、编制演应急练脚本、制订评估方案、有关保障工作、编制观摩手册等,见表3-1。

应急演练专业工作组与职责　　　　　表3-1

工作组	职责
领导小组(总指挥)	负责应急演练活动筹备和实施过程中的组织领导工作,具体负责审定应急演练工作方案、应急演练工作经费、应急演练评估总结及其他需要决定的重要事项等
策划组	负责编制应急演练工作方案、应急演练脚本、应急演练安全保障方案或应急预案、宣传报道材料、工作总结和改进计划等
执行组	负责应急演练活动筹备及实施过程中相关单位、工作组的联络和协调、事故情景布置、参演人员调度和应急演练进程控制
保障组	负责应急演练活动工作经费和后勤保障,确保应急演练安全保障方案或应急预案落实单位

第三章 危险货物道路运输企业运输事故应急救援物资及应急演练

续上表

工作组	职责
评估组	负责审定应急演练安全保障方案或应急预案,编制应急演练评估方案并实施,进行应急演练现场点评和总结评估,撰写应急演练评估报告
救护组	负责受伤人员的就地抢救和转院治疗工作

应急演练工作方案的主要内容,如图3-28所示。

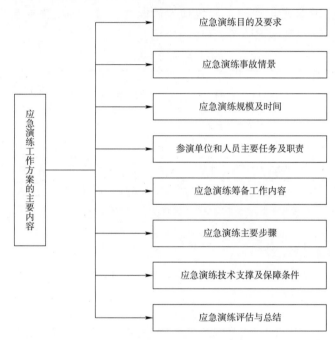

图3-28 应急演练工作方案的主要内容

(3)编制应急演练脚本。根据需要,可编制应急演练脚本。应急演练脚本是应急演练工作方案具体操作实施的文件,帮助参演人员全面掌握应急演练进程和内容。

应急演练脚本一般采用表格形式,主要内容包括:模拟事故情景;处置行动与执行人员;指令与对白、步骤及时间安排;视频背景与字幕;解说词等。

(4)制订评估方案。应急演练评估方案的主要内容,见表3-2。

应急演练评估方案的主要内容 表3-2

应急演练评估方案的主要内容	应急演练信息	应急演练目的和目标、情景描述,应急行动与应对措施简介等
	评估内容	应急演练准备、应急演练组织与实施、应急演练效果等
	评估标准	应急演练各环节应达到的目标评判标准
	评估程序	应急演练评估工作主要步骤及任务分工
	附件	应急演练评估所需要用到的相关表格等

(5) 有关保障工作。针对应急演练活动可能发生的意外情况,制订应急演练保障方案或应急预案。并进行应急演练,做到相关人员应知应会,熟练掌握。应急演练保障方案应包括应急演练可能发生的意外情况、应急处置措施及责任部门、应急演练意外情况中止条件与程序等。

(6) 编制观摩手册。根据应急演练规模和观摩需要,可编制应急演练观摩手册。应急演练观摩手册通常包括应急演练时间、地点、情景描述、主要环节及应急演练内容、安全注意事项等。

(7) 应急演练工作保障。保障工作包括人员保障、经费保障、物资和器材保障、场地保障、安全保障、通信保障、其他保障等,具体内容见表3-3。

应急演练工作保障　　　　表3-3

应急演练工作保障	主要工作内容
人员保障	按照应急演练方案和有关要求,策划、执行、保障、评估、参演等人员参加应急演练活动,必要时考虑替补人员
经费保障	根据应急演练工作需要,明确应急演练工作经费及承担单位
物资和器材保障	根据应急演练工作需要,明确各参演单位所准备的应急演练物资和器材等
场地保障	根据应急演练方式和内容,选择合适的应急演练场地。应急演练场地应满足应急演练活动需要,避免影响企业和公众正常生产、生活
安全保障	根据应急演练工作需要,采取必要安全防护措施,确保参演、观摩等人员以及生产运行系统安全
通信保障	根据应急演练工作需要,采用多种公用或专用通信,根据应急演练工作需要,保证应急演练通信信息通畅
其他保障	根据应急演练工作需要,提供的其他保障措施

3. 应急演练的实施

(1) 熟悉任务和角色。组织各参演单位和参演人员熟悉各自参演任务和角色,并按照应急演练方案要求组织开展相应的应急演练准备工作。

(2) 组织预演。在综合应急演练前,应急演练组织单位或策划人员可按照应急演练方案或脚本组织桌面推演或合成预演,熟悉应急演练实施过程的各个环节。

(3) 安全检查。确认应急演练所需的工具、设备、设施、技术资料以及参演人员到位。对应急演练安全保障方案以及设备、设施进行检查确认,确保安全保障方案可行,所有设备、设施完好。

(4) 应急演练。应急演练总指挥下达应急演练开始指令后,参演单位和人员按照设定的事故情景,实施相应的应急响应行动,直至完成全部应急演练工作。应急演练实施过程中如出现特殊或意外情况,应急演练总指挥可决定中止应急演练。

(5) 应急演练记录。应急演练实施过程中,安排专门人员采用文字、照片和音像等手段记录应急演练过程。

(6) 评估准备。应急演练评估人员根据应急演练事故情景设计以及具体分工,在应急演

第三章 危险货物道路运输企业运输事故应急救援物资及应急演练

练现场实施过程中展开应急演练评估工作,记录应急演练中发现的问题或不足,搜集应急演练评估需要的各种信息和资料。

(7)应急演练结束。应急演练总指挥宣布应急演练结束,参演人员按预定方案集中进行现场讲评或者有序疏散。

四、应急演练频次、评估、总结、备案及应急预案修订

1. 应急演练频次

危险货物道路运输企业应当制定本企业的事故预防措施及应急救援预案,并配备应急救援人员和必要的应急救援器材、设备,定期组织应急演练,每年不得少于一次。

2. 应急演练评估

应急演练结束后,首先要根据应急演练进行情况进行评估。判断其适用性、可操作性;其次根据发现的问题,修订预案。

(1)现场点评。应急演练结束后,在应急演练现场,评估人员或评估组负责人对应急演练中发现的问题、不足及取得的成效进行口头点评。

(2)书面评估。评估人员针对应急演练中观察、记录以及搜集的各种信息资料,依据评估标准对应急演练活动全过程进行科学分析和客观评价,并撰写书面评估报告。

评估报告重点对应急演练活动的组织和实施、应急演练目标的实现、参演人员的表现以及应急演练中暴露的问题进行评估。

3. 应急演练总结

应急演练结束后,由应急演练组织单位应根据应急演练记录、应急演练评估报告、应急预案、现场总结等材料,对应急演练进行全面总结,并形成应急演练书面总结报告。报告可对应急演练准备、策划等工作进行简要总结分析。参与单位也可对本单位的应急演练情况进行总结。应急演练总结报告的内容主要包括:

(1)应急演练基本概要。
(2)应急演练发现的问题,取得的经验和教训。
(3)应急管理工作建议。

4. 应急演练资料归档与备案

应急演练活动结束后,应急演练组织单位应将应急演练工作方案、应急演练书面评估报告、应急演练总结报告等文字资料,以及记录应急演练实施过程的相关图片、视频、音频等资料归档保存。

对主管部门要求备案的应急演练资料,应急演练组织单位应及时将相关资料报主管部门备案,持续改进。

5. 应急预案修订完善

根据应急演练评估报告中对应急预案的改进建议,由应急预案编制部门按程序对预案进行修订完善。应急管理工作改进包括:

(1)应急演练结束后,应急演练组织单位应根据应急演练评估报告、总结报告提出的问题和建议,对应急管理工作(包括应急演练工作)进行持续改进。

(2)组织应急演练的部门(单位)应督促相关部门和人员,制订整改计划,明确整改目标,制订整改措施,落实整改资金,并跟踪督查整改情况。

五、应急演练评估

应急演练评估是指围绕应急演练的目标要求,对参演人员表现、应急演练活动准备及其组织实施过程作出客观评价,并编写应急演练评估报告的过程❶。通过评估发现应急预案、应急组织、应急人员、应急机制、应急保障等方面存在的问题或不足,提出改进意见或建议,并总结应急演练中好的做法和主要优点等。

1.应急演练评估依据、原则、程序、评估组

(1)评估依据。评估主要依据以下内容:

①有关法律、法规、标准及有规定和要求。

②应急演练活动所涉及的相关应急预案和应急演练文件。

③应急演练单位的相关技术标准、操作规程或管理制度。

④相关事故应急救援典型案例资料。

⑤其他相关资料。

(2)评估原则。实事求是、科学考评、依法依规、以评促改。

(3)评估程序。评估准备、评估实施和评估总结。

(4)评估组。评估组由应急管理方面专家和相关领域专业技术人员或相关方代表组成,规模较大、应急演练情景和参演人员较多或实施程序复杂的应急演练,可设多级评估,并确定总体负责人及各小组负责人。应急演练结束后,及时向应急演练单位或应急演练领导小组及其他工作组提出评估意见、建议,并撰写应急演练评估报告。

2.应急演练评估准备

(1)成立评估机构和确定评估人员。应急演练评估准备,首先要成立应急演练评估机构,负责应急演练准备、组织与实施等进行全过程、全方位地跟踪评估。评估人员在现场评估时,应有明显标志。

(2)应急演练评估需要分析。制订应急演练评估方案之前,应确定评估工作目的、内容和程序。

(3)应急演练评估资料的搜集。搜集应急演练评估所需要的相关资料和文件。

(4)选择评估方式和方法。应急演练评估主要是通过对应急演练活动或参演人员的表现进行观察、提问、听对方陈述、检查、比对、验证和实测从而获得客观证据,比较应急演练实际效果与目标之间的差异,总结应急演练中好的做法,查找存在的问题。

---

❶《生产安全事故应急演练评估规范》(AQ/T 9009—2015)3.2。

第三章 危险货物道路运输企业运输事故应急救援物资及应急演练

应急演练评估应以应急演练目标为基础,每项应急演练目标都要设计合理的评估项目方法、标准。根据应急演练目标的不同,可以用选择(例如:是/否判断、多项选择)、评分(例如:0－缺项、1－较差、3－一般、5－优秀)、定量测量(例如:响应时间、被困人数、获救人数)等方法进行评估。

(5)编写评估方案和评估标准。编写评估方案,内容通常包括:

①概述:应急演练模拟的事故名称、发生的时间和地点、事故过程的情景描述、主要应急行动等。

②目的:阐述应急演练评估的主要目的。

③内容:应急演练准备和实施情况的评估内容。

④信息获取:主要说明如何获取应急演练评估所需的各种信息。

⑤工作组织实施:应急演练评估工作的组织实施过程和具体工作安排。

⑥附件:应急演练评估所需相关表格。

制定评估标准。应急演练评估组召集有关方面人员,根据应急演练总体目标和个参演机构的目标,以及具体应急演练情景事件、应急演练流程和保障方案,明确应急演练评估内容及要求。

实战演练准备情况评估可以从演练策划与设计、演练文件编制、演练保障3个方面进行,具体内容见表3-4。

实战演练准备情况评估表　　　　　　　　　　　　　　　　　　　　　　表3-4

评估项目	评 估 内 容
1. 演练策划与设计	1.1　目标明确且具有针对性,符合本单位实际
	1.2　演练目标简单、合理、具体、可量化和可实现
	1.3　演练目标应明确"由谁在什么条件下完成什么任务,依据什么演练目标标准,取得什么效果"
	1.4　演练目标设置是从提高参演人员的应急能力角度考虑
	1.5　设计的演练情景符合演练单位实际情况,且有利于促进现实演练目标和提高参演人员应急能力
	1.6　考虑到演练现场及可能对周边社会秩序造成的影响
	1.7　演练情景内容包括情景概要、事件后果、背景信息、演化过程等要素,要素较为全面
	1.8　演练情景中的各事件之间的演化衔接关系科学、合理,各事件有确定的发生与持续时间
	1.9　确定各参演单位和角色在各场景中的期望行动以及期望行动之间的衔接关系
	1.10　确定所需注入的信息及其注入形式
2. 演练文件编制	2.1　制订演练工作方案、安全及各类保障方案、宣传手册
	2.2　根据演练需要编制演练脚本或演练观摩手册
	2.3　各单项文件中要素齐全、内容合理、符合演练规范要求
	2.4　文字通顺、语言简练、通俗易懂
	2.5　内容格式规范,各项附件项目齐全、编排顺序合理

续上表

评估项目	评估内容
2. 演练文件编制	2.6 演练工作方案经过评审或报批
	2.7 演练保障方案印发到演练的各保障部门
	2.8 演练宣传方案考虑到演练前、中、后个环节宣传需要
	2.9 编制宣传观摩手册中各项要素齐全并有安全告知
3. 演练保障	3.1 人员的分工明确,职责清晰,数量满足演练要求
	3.2 演练经费充足,编制充分
	3.3 器材使用管理科学、规范、满足演练需要
	3.4 场地选择符合演练策划情景设置要求,现场条件满足演练要求
	3.5 演练活动安全保障条件准备到位并满足要求
	3.6 充分考虑演练实施中可能面临的各种风险,制订必要的应急预案或采取有效控制措施
	3.7 参演人员能够确保自身安全
	3.8 采用多种通信保障措施,有备份通信手段
	3.9 对各项演练保障条件进行检查确认

实战演练实施情况的评估可以从预警与信息报告、紧急动员、事故检测与研判、指挥与协调、事故处置、应急资源管理、应急通信、信息公开、人员保护、警戒与管制、医疗救护、现场控制及恢复等项目进行评估,见表3-5。

实战演练实施情况评估表　　表3-5

评估项目	评估内容
1. 预警与信息报告	1.1 演练单位能够根据检测监控系统数据变化状况、事故险情紧急程度和发展态势或有关部门提供的预警信息进行预警
	1.2 演练单位有明确的预警条件、方式和方法
	1.3 对有关部门提供的信息、现场人员发现险情或隐患进行及时预警
	1.4 预警方式、方法和预警结果在演练中表现有效
	1.5 演练单位内部信息通报系统能够及时投入使用,能够及时向有关部门和人员报告事故信息
	1.6 演练中事故信息报告程序规范,符合应急预案要求
	1.7 在规定时间内能够完成向上级主管部门和地方人民政府报告事故信息程序,并持续更新
	1.8 能够快速向本单位以外的有关部门或单位、周边群众通报事故信息
2. 紧急动员	2.1 演练单位能够依据应急预案快速确定事故的严重程度及等级
	2.2 演练单位能够根据事故级别,启动相应的应急响应,采用有效的工作程序,警告、通知和动员相应范围内人员
	2.3 演练单位能够通过总指挥或总指挥授权人员及时启动应急响应
	2.4 演练单位应急响应迅速,动员效果较好

第三章 危险货物道路运输企业运输事故应急救援物资及应急演练

续上表

评估项目	评估内容
2. 紧急动员	2.5　演练单位能够适应事先不通知突袭抽查式的应急演练
	2.6　非工作时间以及至少有一名单位主要领导不在应急岗位的情况下能够完成本单位的紧急动员
3. 事故检测与研判	3.1　演练单位在接到事故报告后,能够及时开展事故早期评估,获得事件的准确信息
	3.2　演练单位及相关单位能够持续跟踪、检测事故全过程
	3.3　事故检测人员能够科学评估其潜在危害性
	3.4　能够及时报告事态评估信息
4. 指挥与协调	4.1　现场指挥部能够及时成立,并确保其安全高效运行
	4.2　指挥人员能够指挥和控制其职责范围内所有的参与单位及部门、救援队伍和救援人员的响应行动
	4.3　应急指挥人员表现出较强指挥协调能力,能够对救援工作全局有效掌控
	4.4　指挥部各位成员能够在较短或规定时间内到位,分工明确并各负其责
	4.5　现场指挥部能够及时提出有针对性的事故应急处置措施或制订切实可行的现场处置方案并报总指挥部批准
	4.6　指挥部重要岗位有后备人选,并能够根据演练活动的进行合理轮换
	4.7　现场指挥部制订的救援方案科学可行,调集了应急救援资源和装备(包括专用救援人员和相关装备)
	4.8　现场指挥部与当地政府或本单位指挥中心信息畅通,并实现信息持续更新和共享
	4.9　应急指挥决策程序科学,内容有预见性、科学可行
	4.10　指挥部能够对事故现场有效传达指令,进行有效管控
	4.11　应急指挥中心能够及时启动,各项功能正常、满足使用
5. 事故处置	5.1　参演人员能够按照处置方案规定或指定的时间内迅速到达现场开展救援
	5.2　参演人员能够对事故先期状况作出正确判断,采取的先期处置措施科学、合理、处置结果有效
	5.3　现场参演人员职责清晰、分工合理
	5.4　应急处置程序正确、规范、处置措施执行到位
	5.5　参演人员之间有效联络,沟通顺畅有效,并能够有序配合、协同救援
	5.6　事故现场处置过程中,参演人员能够对现场实施持续安全监测或监控
	5.7　事故处置过程中采取了措施防止次生或衍生事故发生
	5.8　针对事故现场采取必要的安全措施,确保救援人员安全
6. 应急资源管理	6.1　根据事态评估结果,能够识别并确定应急行动所需的各类资源,同时根据需要联系资源供应方
	6.2　参演人员能够快速、科学地使用外部提供的应急资源并投入应急救援行动
	6.3　应急设施、设备、器材等数量和性能能够满足现场应急需要
	6.4　应急资源的管理和使用规范有序,不存在浪费情况

续上表

评估项目	评估内容
7. 应急通信	7.1 通信网络系统正常运转,通信能力能够满足应急响应的需求
	7.2 应急队伍能够建立多途径的通信系统,确保通信畅通
	7.3 有专职人员负责通信设备的管理
	7.4 应急通信效果良好,演练各方通信畅通
8. 信息公开	8.1 明确事故发布部门、发布原则,事故信息能够由现场指挥部及时准确向新闻媒体通报
	8.2 指定专门负责公共关系的人员,主动协调媒体关系
	8.3 能够主动就事故情况在内部进行告知,并及时通知相关方(股东/家属/周边居民)
	8.4 能够对事件舆情❶持续监测和研判,并对涉及的公共信息妥善处理
9. 人员保护	9.1 演练单位能够综合考虑各种因素并协调有关方面,确保各方人员安全
	9.2 应急救援人员配备适当的个体防护装备,或采取了必要自我安全防护措施
	9.3 有受到或可能受到事故波及或影响的人员的安全保护方案
	9.4 针对事件影响范围内的特殊人群,能够采取适当方式发出警告并采取安全防护措施
10. 警戒与管制	10.1 关键应急场所的人员进出通道受到有效管制
	10.2 合理设置交通管制点,划定管制区域
	10.3 各种警戒与管制标志、表示设置明显,警戒措施完善
	10.4 控制出入口,清除道路上的障碍物,保证道路畅通
11. 医疗救护	11.1 应急响应人员对受伤害人员采取有效先期急救,急救药品、器材配备有效
	11.2 及时与场外医疗救护资源建立联系求得支援,确保伤员及时得到救治
	11.3 现场医疗人员能够对伤病人员伤情作出正确诊断,并按照既定的医疗程序对伤病人员进行处置
	11.4 现场急救车辆能够及时准确地将伤员送往医院,并带齐伤员有关资料
12. 现场控制及恢复	12.1 针对事故可能造成的人员安全健康与环境、设备与实施方面的潜在危害,以及为降低事故影响而制订的技术对策和措施
	12.2 事故现场产生的污染或有毒有害物质能够及时、有效处置,并确保没有造成二次污染或危害
	12.3 能够有效安置疏散人员,清点人数,划定安全区域并提供基本生活等后勤保障
	12.4 现场保障条件满足事故处置、控制和恢复的基本需要

---

❶舆情是"舆论情况"的简称,是指在一定的社会空间内,围绕中介性社会事件的发生、发展和变化,作为主体的民众对作为客体的社会管理者、企业、个人及其他各类组织及其政治、社会、道德等方面的取向产生和持有的社会态度。它是较多群众关于社会中各种现象、问题所表达的信念、态度、意见和情绪等表现的总和。

第三章　危险货物道路运输企业运输事故应急救援物资及应急演练

续上表

评估项目	评估内容
13.其他	13.1 演练情景设计合理,满足演练要求
	13.2 演练达到预期目的
	13.3 参演的组成机构或人员职责能够与应急预案相符合
	13.4 参演人员能够按时就位、准确并熟练使用应急器材
	13.5 参演人员能够以认真态度融入整体演练活动中,并及时、有效地完成演练中应承担的角色工作内容
	13.6 应急响应的解除程序符合实际并与应急预案中规定的内容一致
	13.7 应急预案得到充分验证和检验,并发现了不足之处
	13.8 参演人员的能力也得到了充分检验和锻炼

(6)培训评估人员。评估人员应听取应急演练组织或策划人员介绍应急演练方案以及组织和实施流程,并可进行交互式讨论,进一步明晰应急演练流程和内容。同时,评估组内部应围绕以下内容开展内部专题培训:

①应急演练组织和实施文件。

②应急演练评估方案。

③应急演练单位的应急预案和相关管理文件。

④熟悉应急演练场地,了解有关参演部门和人员的基本情况、相关应急演练设施,掌握相关技术处置标准和方法。

⑤其他有关内容。

(7)准备评估材料及器材。根据应急演练需要,准备评估工作所需的相关材料、器材,主要包括应急演练评估方案文本、评估表格、记录表、文具、通信设备、计时设备、摄像或录音设备、计算机或相关评估软件等。

3.应急演练评估实施

应急演练评估实施,主要包括:评估人员到位、观察记录和搜集数据、信息和资料、应急演练评估。

(1)评估人员到位。根据应急演练评估方案安排,评估人员提前就位,做好应急演练评估准备工作。

(2)观察记录和搜集数据、信息和资料。应急演练开始后,应急演练评估人员通过观察、记录和搜集应急演练信息和相关数据、信息和资料,观察应急演练实施及进展、参演人员表现等情况,及时记录应急演练过程中出现的问题。在不影响应急演练进程的情况下,评估人员可进行现场提问并做好记录。

(3)应急演练评估。根据应急演练现场观察和记录,依据制度的评估表,逐项对应急演练内容进行评估,及时记录评估结果。

4. 应急演练评估总结

应急演练评估总结,主要内容包括:应急演练点评、参演人员自评、评估组评估、编制应急演练评估报告、整改落实等。

(1)应急演练点评。应急演练结束后,可选派有关代表(应急演练组织人员、参演人员、评估人员或相关人员)对应急演练中发现的问题及取得的成效进行现场点评。

(2)参演人员自评。应急演练结束后,应急演练单位应组织个参演小组或参演人员进行自评,总结应急演练中的优点和不足,介绍应急演练收获及体会。应急演练评估人员应参加参演人员自评会并做好记录。

(3)评估组评估。参演人员自评结束后,应急演练评估组负责人应组织召开专题评估工作会议,综合评估意见。评估人员应根据应急演练情况和应急演练评估记录发表建议并交换意见,分析相关信息资料,明确存在问题并提出整改要求和措施等。

(4)编制应急演练评估报告。编制应急演练评估报告,内容通常包括:

①应急演练基本情况:应急演练的组织及承办单位、应急演练形式、应急演练模拟的事故名称、发生的时间和地点、事故过程的情景描述、主要应急行动等。

②应急演练评估过程:应急演练评估工作的组织实施过程和主要工作安排。

③应急演练情况分析:依据应急演练评估表格的评估结果,从应急演练的准备及组织实施情况、参演人员表现等方面具体分析好的做法和存在的问题以及应急演练目标的实现、应急演练成本效益分析等。

④改进意见和建议:对应急演练评估中发现的问题提出整改的意见和建议。

⑤评估结论:对应急演练组织实施情况的综合评价,并给出优(无差错地完成了所有应急演练内容)、良(达到了预期的应急演练目标,差错较少)、中(存在明显缺陷,但没有影响实现预期的应急演练目标)、差(出现了重大错误,应急演练预期目标受到严重影响,应急演练被迫中止,造成应急行动延误或资源浪费)等评价结论。

(5)整改落实。应急演练组织单位应根据评估报告中提出的问题和不足,制订整改计划,明确整改目标,制订整改措施,并跟踪督促整改落实,直到问题解决为止。同时,总结分析存在问题和不足。

第三节 危险货物道路运输企业运输事故应急演练范本

为了便于企业开展应急演练工作,本节以深圳市交通运输委员会港航和货运交通管理局2014年危险货物道路运输突发安全事故应急演练方案为范本,介绍应急演练的策划与实际操作。

一、应急演练目的及相关工作安排

(1)检验市、区政府部门应对危险货物道路运输突发事故的快速反应能力,检验各职能

第三章　危险货物道路运输企业运输事故应急救援物资及应急演练

部门的应急协同作战水平及现场应急救援能力。

（2）通过应急演练，进一步明确各级职能部门在应急救援中的职责，发现应急响应程序中存在的缺陷、应急资源的不足，从整体上提高我市危险货物道路运输突发事故应急反应能力，提高应急人员的熟练程度和技战水平。

（3）筹备：

①2014年10月8日至10月31日，市交委港航货运局负责制订应急演练方案、应急演练脚本，并召集各相关部门进行协调研究，修改完善。

②2014年11月4日，由南山区安监局、市交委港航货运局会同各相关参演单位，在南山劳动大厦1416会议室召开应急演练协调会。

③2014年11月11日，由南山区安监局、市交委港航货运局牵头组织各参演单位进行桌面推演，并对方案进行修改完善。

④2014年11月26日，由南山区安监局牵头组织各参演单位进行预演。

⑤2014年11月28日15时，正式应急演练；应急演练地点为深圳市平方物流园区振海路。

二、应急演练组织机构

1. 应急演练相关单位

主办单位：南山区安全管理委员会。

承办单位：南山区安全生产监督管理局，市交委港航和货运交通管理局。

协办单位：深圳深岩燃气有限公司。

参演单位：南山区应急办、南山公安分局、南山交警大队、武警南山消防大队、南山区卫生和人口计划生育局、南山区环境保护和水务局、南山街道办、深圳市道路危险货物运输行业协会。

2. 应急演练现场指挥部

总指挥：南山区委常委、常务副区长×××。

副总指挥：南山区安监局局长×××、南山区应急办主任×××、港航货运局局长×××。

成员：南山公安分局、南山交警大队、武警南山消防大队、南山区卫生和人口计划生育局、南山区环境保护和水务局、南山街道办、深圳市道路危险货物运输行业协会各单位负责人。

职责：统一指挥应急救援的抢险、处置、救援、转移、疏散、环境监测、人员转移安置以及各职能部门的应急处置工作。

现场指挥部下设8个应急行动组，如图3-29所示。

1）综合协调组

组长：南山区安监局负责人、南山区应急办负责人。

成员：南山区安监局相关人员、南山区应急办相关工作人员。

职责：协调指挥各组分工职能，保证各分组应急职能有效落实；搜集整理事故动态信息及处置工作情况,将情况汇报给应急指挥部。

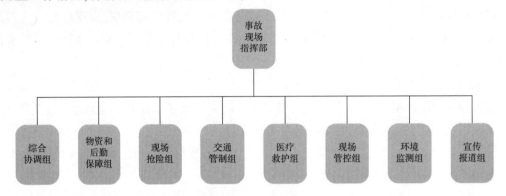

图 3-29　应急演练指挥机构图

2）物资和后勤保障组

组长:港航货运局负责人。

成员:港航货运局相关人员。

职责:根据现场指挥部的要求,负责车辆调度,应急转运车辆的调配,组织应急救援物资的配送、调拨。

3）现场抢险组

组长:武警南山消防大队负责人。

成员:武警南山消防大队、深岩公司相关人员。

职责:负责实施事故抢险救援,主要包括对受伤被困人员进行救助;对现场进行不间断喷淋降温处理;对着火钢瓶进行灭火;对厢车内及跌落的钢瓶进行转移。

4）交通管制组

组长:南山交警大队负责人。

成员:南山交警大队相关人员。

职责:事故周边道路交通管制、安全警戒,禁止无关车辆、人员进入管制区域。

5）现场管控组

组长:南山公安分局负责人、南山街道办负责人。

成员:南山公安分局相关人员、南山街道办相关人员。

职责:负责事故周边区域人群疏散、转移、管控,防止无关人员进入事故区域,阻止干扰现场救援的情况。

6）医疗救护组

组长:南山区卫生和人口计划生育局负责人。

成员:南山区相关医院人员。

职责:设置事故现场紧急救护点,负责受伤人员的现场急救与医护工作。

7）环境监测组

组长:南山区环境保护和水务局负责人。

成员:环境监测技术人员。

职责:监测事故周边液化石油气体浓度与扩散范围,及时向现场指挥部报告。

8)宣传报道组

组长:南山区安监局负责人。

成员:南山区安监局相关人员。

职责:负责宣传报道工作,联系接待新闻媒体记者。

三、应急演练情景设定

2014年11月28日,天气晴,东风3~4级,气温18℃,深圳深岩燃气有限公司一辆满载液化石油气钢瓶的厢式货车在道路上行驶,行驶过程中发现钢瓶掉落发生轻微火灾,驾驶人员和押运人员迅速采取应急响应进行灭火,在灭火过程中火势迅猛并发生爆炸,造成驾驶人员受伤。各部门、各单位相继启动应急预案。现场指挥根据液化石油气爆炸极限低、着火能量低及钢瓶的承压能力强等特性,采取"先防控、后排险"的战术措施,命令参战官兵:首先将消防车停靠在事故区上风侧,并要求参战官兵对掉落钢瓶进行喷水冷却降温;其次根据现场检测出气体的浓度,进一步加大警戒区,杜绝一切火种进入现场。经检测周围液化气浓度已降至安全操作范围,并对现场环境做好了保护,参战消防官兵成立攻坚小组,在对掉落罐体降温的同时深岩公司对车厢内剩余钢瓶及掉落钢瓶转移至安全地带,对着火的钢瓶进行灭火。

四、应急演练行动

本次应急演练行动分为"准备阶段、先期处置、灭火救援、现场清理、点评总结"五部分,具体应急演练行动如下。

1. 准备阶段(执行力量:各参演单位)

各参演人员及单位现场签到。领导主席台就位,各参演人员在主席台前集合,观摩人员在观摩区就位。现场指挥向应急演练总指挥报告人员集结完毕,现场总指挥下令应急演练开始。解说员对应急演练预案进行解说。

2. 事故报警及先期处置(执行力量:深岩公司)

(1)模拟事故车辆驾驶人员发现液化石油气钢瓶掉落,立即将车辆开至远离人群、住宅区、高压线等地方停放,然后下车切断总电源开关;初步检查现场后,发现液化石油气钢瓶轻微泄漏着火;取出随车配备的灭火器进行灭火。

模拟事故车辆押运人员取出随车配备的三角警示牌和辅助警示设备,跑步向来车方向100m处设置危险警示标志,并要求周围人群和车辆马上远离危险点;之后,立即拨打110报警电话,请求支援。

(2)事故发生后,由于起火钢瓶火势变大发生爆炸,模拟事故车辆驾驶人员受伤,等待救援人员到达。

(3)公司接到现场报告情况后,立即启动公司应急预案,派遣救援队赶往现场救援,开展企业自救,同时将有关情况迅速报告给港航货运局。

(4)港航货运局接到公司报告后,立即启动相应的应急预案并将事故信息报告给市交委有关部门,并立即派人赶赴现场,协助救援。

(5)南山区应急指挥中心接获消息报告后,立即启动相应的应急预案,组织应急体系内各成员单位的救援力量迅速赶赴现场,开展应急救援工作。

3.交通管制与秩序维护(执行力量:南山交警大队)

(1)南山交警大队到达现场后,对事故道路进行交通管制,根据需要封闭道路。疏散滞留在事故现场的车流。

(2)在事故点200m处上风侧设立现场警戒区,疏散人员,并对疏散出来的人员进行统计。严禁无关人员、车辆进入事故现场区域。维护现场秩序,协助交通管制,协助救援行动。

4.紧急救援处置(执行力量:武警南山消防大队、深岩公司)

武警南山消防大队获得警情后,立即调动消防、救援车辆装备赶赴现场;听取现场前期到达的救援人员对现场情况的介绍,对起火钢瓶进行灭火,深岩公司对车厢内及掉落液化石油气钢瓶进行转移,同时抢救受伤人员。

5.伤员急救与后送(执行力量:南山区卫生和人口计划生育局)

医务人员及救护车辆到达现场后,负责接送伤员、对抢救出来的伤者进行现场救护和包扎;将伤者送医院进行抢救。

6.现场环境污染监测(执行力量:南山区环境保护和水务局)

南山区环境保护和水务局对现场液化石油气体浓度进行监测,防止气体浓度达到爆炸极限。

7.现场清理与恢复交通(执行力量:南山交警大队、深岩公司)

南山交警大队交警车辆在前面引路,用拖头将装载转移液化石油气的钢瓶车辆引导出事故现场。对现场进行清理,恢复道路交通。

深岩公司组织人员及车辆对转移钢瓶进行处置。

8.总结与点评

参演单位在指定位置集合,由领导对此次应急演练结果进行总结点评。

9.公众及媒体引导(执行力量:南山区安监局)

向媒体和公众公布有关信息。

五、应急演练准备、要求

应急演练准备工作如下。

1.制定应急演练预案

由港航货运局制订演习实施方案,撰写应急演练脚本。

第三章　危险货物道路运输企业运输事故应急救援物资及应急演练

2. 组织应急演练培训

应急演练脚本确定后,组织主要参演单位相关人员进行1～2次桌面推演,并根据应急演练情况对应急演练方案和应急演练脚本进行完善。应急演练单位对参加应急演练人员进行应急预案、应急技能及个体防护装备使用等方面的培训。

3. 组织预演

应急演练前,组织所有参演单位有关人员进行总体预演;并根据预演情况对演习方案进行完善。

4. 应急演练前检查

应急演练前3天,各参演单位负责各自单位参与应急演练的设备及设施的自检和整改,确保应急演练时的正常使用。

5. 应急演练保障

应急演练保障如下:

(1)人员保障。各参演单位根据应急演练的要求安排模拟人员,并负责参演人员的培训。观演人员包括邀请相关管理部门人员、危险货物道路运输企业管理人员等。

(2)物资保障。由深岩公司准备应急演练用的运输装载液化石油气钢瓶厢式货车1辆,空液化石油气钢瓶若干。消防、医疗、交警部门专用物质由各参演单位自行保障。

(3)通信保障。准备15部防爆对讲机,由港航货运局负责。

(4)场地保障。由南山区安监局负责。

(5)经费保障。由南山区安监局及港航货运局负责统筹协调。

(6)其他保障。包括接待场所、用电接入、临时占用其卫生间设施等。

6. 应急演练要求

应急演练要求有:

(1)各参演单位要高度重视,积极参与,切实锻炼队伍,提高应急处置能力。要认真做好应急演练前的各项准备工作,组织参加应急演练人员进行应急预案、应急技能及个体防护装备使用等方面的培训。

(2)应急演练时要服从命令,听从指挥,应急演练开展要迅速、连贯,作风要雷厉风行,按要求着装及佩戴好个人防护装备。

(3)应急演练时要注意行车和操作安全,按照指定的停车、行车路线行驶,停车尽量靠边,以免影响其他车辆通过。

(4)模拟事故现场必须有人员对现场安全进行控制,以防止发生意外。

(5)应急演练过程中,如遇突发事件影响应急演练时,必须立即中止部分或全部应急演练。

(6)应急演练结束后,各有关单位认真总结经验教训,完善应急救援预案。

六、应急演练所需应急资源

(1)消防装备和器材:2辆消防车、消防指挥车、消防水带、消防水炮、各种型号的干粉、二氧化碳灭火器。

（2）防护器材：空气呼吸器、防化防静电工作服、防护隔热服、避火服、防冻衬纱橡胶手套、各种防毒面具。

（3）医疗救治设备：1辆医疗救护车、常用救护器材和药品。

七、应急演练脚本

2014年危险货物道路运输突发安全事故应急演练脚本。

应急演练时间及步骤：2014年11月28日14:30—16:20，见表3-6。

应急演练时间及步骤　　　　　　　　　　表3-6

时　间	步　骤
14:30—15:00	现场签到
15:00—15:10	应急演练单位报告就位情况
15:10—15:20	主持人介绍演练情况
15:20—15:21	总指挥宣布演练开始
15:21—15:25	解说员解说应急演练场景
15:25—15:35	事故报警与先期处理
15:35—15:50	事故应急响应和救援处置
15:50—15:55	转移钢瓶
15:55—16:05	事故现场清理
16:05—16:20	参演人员在主席台前列队，由领导宣布应急演练结束并点评总结

应急演练地点：深圳市平方物流园区振海路。

参演单位责任分工：参加模拟应急演练的单位责任分工见表3-7。

参演单位责任分工　　　　　　　　　　表3-7

序号	参演单位	职　责
1	南山区安全管理委员会	统筹安排组织完成应急演练工作
2	南山区安全生产监督管理局	协调指挥各组分工职能，保证各分组应急职能有效落实；搜集整理事故动态信息及处理工作情况，将情况汇报给应急指挥部
3	南山区应急办	协调指挥各组分工职能，保证各分组应急职能有效落实；搜集整理事故动态信息及处理工作情况，将情况汇报给应急指挥部
4	市交通运输委员会港航和货运交通管理局	根据现场指挥部的要求，负责车辆调度，应急转运车辆的调配，组织应急救援物资的配送、调拨
5	南山公安分局	负责事故周边区域人群疏散、转移、管控。防止无关人员进入事故区域，阻止干扰现场救援的情况
6	南山交警大队	事故周边道路交通管制、安全警戒，禁止无关车辆、人员进入管制区域

第三章 危险货物道路运输企业运输事故应急救援物资及应急演练

续上表

序号	参演单位	职责
7	武警南山消防大队	负责实施事故抢险救援,主要包括对受伤被困人员进行救助;对现场进行不间断喷淋降温处理;对着火钢瓶进行灭火
8	南山区卫生和人口计划生育局	设置事故现场紧急救护点,负责受伤人员的现场急救与医护工作
9	南山区环境保护和水务局	监测事故周边液化石油气体浓度与扩散范围,及时向现场指挥部报告
10	南山街道办	协助完成事故周边区域人群疏散、转移、管控,防止无关人员进入事故区域,阻止干扰现场救援的情况
11	深圳深岩燃气有限公司	负责模拟事故车钢瓶掉落现场;负责事故发生后及时向有关单位报告;驾驶人员、押运人员在现场先期处理并自救和警戒;公司专业抢险人员到现场进行应急处理;转移钢瓶
12	相关医院	设置事故现场紧急救护点,负责受伤人员的现场急救与医护工作

应急演练物资准备:应急演练物资准备,见表3-8。

应急演练物资清单　　　　　　　　　　　　　表3-8

序号	物资名称、数量	负责单位
1	模拟事故车辆1辆、深岩公司应急救援车辆2辆及其他抢险工具、空气呼吸器2套、工作服10套、防火服2套、防化手套2双、防毒面具4套	深岩公司
2	港货应急车辆1辆	港货局
3	防护装备2套;防护服、呼吸器、鞋、手表、防护面罩、护目镜;灭火器2个	深岩公司
4	嘉宾席桌椅、帐篷、扩音设备,人员、参演单位、区域名称牌	协办公司
5	消防抢险救援装备;2辆消防抢险车、1辆指挥车、消防带、各类型号的灭火器、其他抢险工具	武警南山消防大队
6	消防抢险救援装备;空气呼吸器、防化防静电工作服、防护隔热服、各类防毒面具	武警南山消防大队
7	气体分析仪1台、风向仪1台、可燃气体浓度测试仪1台	南山环水局
8	交警车2辆	南山交警大队
9	120救护车1辆,常用救护器材和药品局	南山区卫生和人口计划生育局
10	防爆对讲机15部	港货局
11	矿泉水若干	港货局

模拟事故情形:2014年11月28日,天气晴,东风3~4级,气温18℃,某公司一辆满载液化石油气钢瓶的厢式货车在道路上行驶,行驶过程中发现钢瓶掉落发生轻微火灾,驾驶人员和押运人员迅速采取应急响应进行灭火,在灭火过程中火势迅猛并发生爆炸,造成驾驶人员受伤。南山区安全管理委员会、南山区安全生产监督管理局、南山区应急办、市交通运输委

员会港航和货运交通管理局、南山公安分局、南山交警大队、武警南山消防大队、南山区卫生和人口计划生育局、南山区环境保护和水务局、南山街道办、深圳深岩燃气有限公司、相关医院相继启动应急预案,维护现场秩序、进行紧急救援;对伤者进行抢救。情况紧急,若不能有效处置事故,及时抢救伤员和疏散车辆,一旦引起车上其他钢瓶发生爆炸,将造成重大人身伤亡和财产损失,现场情况非常严峻。

第一阶段　准备阶段(14:30—15:25)

1)人员签到

应急演练路段封闭、观摩台布置完成。

各应急演练单位将车辆、应急演练物资在指定位置摆放;参演人员检查通信设备是否正常有效。

2)人员就位

相关领导主席台就座,观摩人员在观摩区就座,各参演人员在指定岗位待命。

主持人专题介绍《深岩公司情况及道路危险货物运输安全管理情况》。

3)人员集结

各参演人员在主席台前集结,各参演单位上报就位情况,如图3-30所示。(各单位就位后,解说员开始解说)

a)　　　　　　　　　　　b)

图3-30　应急演练动员和集结

解说员:各位领导!各位来宾!大家好!

2014年危险货物道路运输突发安全事故应急救援应急演练,即将开始。

危险货物道路运输安全是政府和社会各界广泛关注的重要问题,危险货物在运输过程中,一旦出现突发安全事件,比如泄漏、起火等,将对人民生命、财产带来巨大损失。为了进一步磨合机制,提高我市各部门协同作战的能力和应对危险化学品事故的应急处置能力,特组织此次应急演练活动。

首先,我介绍一下参加今天应急演练的领导和嘉宾。

本次应急演练是由南山区安全管理委员会主办,由南山区安全生产监督管理局、深圳市交通运输委港航和货运交通管理局承办,由深圳深岩燃气有限公司协办。担任本次应急演练总指挥的是:南山区常委、常务副区长×××,担任副总指挥的是:南山区安监局局长×××、南山区应急办主任×××、港航货运局局长×××。参与今天应急演练的单位有:南山区安

第三章 危险货物道路运输企业运输事故应急救援物资及应急演练

全管理委员会、南山区安全生产监督管理局、南山区应急办、市交通运输委员会港航和货运交通管理局、南山公安分局、南山交警大队、武警南山消防大队、南山区卫生和人口计划生育局、南山区环境保护和水务局、南山街道办、深圳深岩燃气有限公司。参演人员70人。

今天出席我们应急演练活动的领导还有:各单位相关领导。

今天观摩应急演练活动的单位有:各危险货物道路运输企业相关负责人79人。

请各参演单位准备就绪,应急演练即将开始!

有请本次应急演练指挥部开始组织应急演练。

4)应急演练开始

副总指挥确定各专业小组准备就绪后,报告总指挥。总指挥下令,应急演练开始。副总指挥:"报告总指挥,应急演练各项准备工作已就绪,请指示!"

总指挥:"我宣布,2014年危险货物道路运输突发安全事故应急演练,现在开始!"

副总指挥:"是!各单位注意,应急演练开始。"

5)应急演练简介(工作人员通知模拟事故车辆驶入,停放在指定位置。)

解说员:各位领导,各位嘉宾,本次应急演练假设的情景是——2014年11月28日,一辆运载液化石油气钢瓶的厢式危运车辆在振海路上行驶。由于道路颠簸和后门机件老化原因,造成行驶中车后门开启,几只装有液化石油气的钢瓶从车厢掉落,钢瓶发生轻微着火,若不能及时切断火源,一旦引起爆炸,将造成重大人员伤亡和财产损失,现场情况非常严峻。

第二阶段 事故报警及先期处置阶段(15:25—15:35)

1)事故发生

解说员:现在是11月28日下午15:25分,天气晴,温度18℃,东风3~4级(以当天适时天气为准)。

现场我们可以看到一辆运载液化石油气钢瓶的厢式货车,在行驶的过程中,由于道路颠簸和后门机件老化原因,造成装有液化石油气的钢瓶从车厢掉落,钢瓶发生轻微着火。

应急演练动作:厢式货车缓缓驶入指定地点,车左后门开启,液化石油气的钢瓶从车厢掉落,车厢内工作人员丢出烟幕弹,钢瓶着火,如图3-31所示。

a)　　　　　　　　　　b)

图3-31 模拟险情发生

2)事故报警及现场紧急处置

解说员:事故发生后,驾驶人员立即开启危险警示信号灯,选择远离人群、住宅区、高压线等地方停靠，及时关闭了车辆的电源总开关，迅速穿戴简易防护用具，如图 3-32 所示。这点很重要，因为抢险救援第一关键就是先做好防护工作。其次就是立即做好周围车辆和人员的疏散。如果钢瓶泄漏未着火，应立即实施警戒疏散，避免明火，关闭钢瓶阀门，切断或减少泄漏，如图 3-33 所示；如果泄漏引发着火，应使用干粉灭火器对准火焰根部灭火，然后关闭阀门。当火势无法控制时，应尽可能将相邻的钢瓶转移，避免火焰烘烤引发爆炸。

图 3-32　着防护服进入事故现场

图 3-33　处置散落钢瓶

驾驶人员和押运人员查看险情后，首先报警，等待应急小组的到来。

应急演练动作：驾驶人员从驾驶室拿出工具箱，迅速穿好防护服，取下干粉灭火器进行灭火，并从驾驶室取出三角警示牌和辅助警示设备，向来车方向示意周围人群和车辆马上远离出险点，并在路后方 100m 设置危险警示标志，在钢瓶跌落处 10m 放置辅助警示标志。随后拨打 110 报警电话，并打电话向公司汇报情况。

应急演练台词：

押运人员："110，我是深岩燃气粤 B×××××厢式货车，车上载有液化石油气钢瓶 50只，在南山区平方物流园振海路发生事故，有 6 只 15kg 的液化石油气钢瓶掉落，其中 1 只着火，请求支援。"

公安："110 值班室收到，请保持镇静，救援力量马上就到。"

押运人员："收到。"

押运人员："报告黄队，我是深岩燃气粤 B×××××厢式货车押运人员×××，我车上载有液化石油气钢瓶 50 只，在南山区平方物流园振海路发生事故，有 6 只 15kg 的液化石油

第三章 危险货物道路运输企业运输事故应急救援物资及应急演练

气钢瓶掉落,其中1只着火,请求支援。"

深岩公相关安全负责人(车队长):"收到,按照现场处置方案做好处置,注意自我防护。"

押运人员:"收到。"

解说员:深岩公司运输车队长接到报告后,立即向公司负责人报告。

深岩公相关安全负责人(车队长):"报告陈总,我公司粤B×××××车运输液化石油气过程中,在南山区平方物流园振海路发生事故,目前有6只规格为15kg的钢瓶从车上掉落至地面,其中1只着火,可能发生爆炸,现请示,是否启动公司专项应急预案?"

深岩公司总经理:"立即启动公司道路运输专项应急预案。"

深岩公相关安全负责人(车队长):"收到。"

(播放警铃音乐片断)

3)事故确认报告市港航和货运交通管理局、市交委总值班室

解说员:深岩公司负责人接到险情报告后,立即向交通监管部门港航货运局报告,市交委港航货运局危运科的电话是25777678,市交委总值班室的电话是83168123,这些紧急联系电话各危运企业都应该熟记,以便快速报告,为事故救援争取更多的救援力量和时间。

应急演练动作:公司领导接到报告后,立即启动公司应急救援预案,指派救援抢险车立即赶赴现场,并同时向港航和货运交通管理局报告情况。

深岩公司总经理:"报告港航货运局,我是深岩公司总经理,我公司粤B×××××厢式车辆运输液化石油气过程中,在南山区平方物流园振海路发生事故,目前有6只规格为15kg的钢瓶从车上掉落至地面,其中1只发生着火,可能引起爆炸,公司已启动专项应急预案,请求支援。"

港货局工作人员:"收到,做好初期处置,支援力量马上就到。"

解说员:港货局相关工作人员接报后,立即向局领导报告。

港货局工作人员:"报告局领导,深岩燃气粤B×××××厢式车辆运输液化石油气过程中,在南山区平方物流园振海路发生事故,目前有6只规格为15kg的钢瓶从车上掉落至地面,其中1只着火可能发生爆炸,公司已启动专项应急预案,请指示。"

港货局调研员:"启动我局一级应急预案,请××同志立即带人前往现场,请××同志报告市交委总值班室。"

港货局工作人员:"收到。"

港货局工作人员:"报告委总值班室,深岩燃气粤B×××××厢式货车,车上载有液化石油气钢瓶50只,在南山区平方物流园振海路发生事故,有6只15kg的液化石油气钢瓶掉落,其中1只着火,可能发生爆炸,我局已启动一级应急预案。"

交委总值班室:"收到。我们马上向南山区应急办通报有关情况。"

解说员:值班领导接到事故报告后立即将事故情况通报南山区应急办,南山应急办与交委立即启动应急预案,成立应急领导小组,同时组织协调了相关工作,各部门接报后立即按

照自身的应急预案进行快速响应,争分夺秒开展事故应急救援。

应急演练动作:政府应急队伍集结,押运人员疏散群众,群众迅速撤离。

解说员:驾驶人员和押运人员在救火过程中发现火势变大难以控制,组织围观群众迅速撤离现场。在撤离过程中,钢瓶发生了爆炸,驾驶人员受伤倒地。押运人员迅速报 120 急救。

应急演练动作:现场发出剧烈爆炸声,驾驶人员受伤倒地,押运人员报 120 急救。

应急演练台词:

押运人员:"120,我是粤 B×××××货车,在南山区振海路发生事故,1 只 15kg 的液化石油气钢瓶爆炸,有一人受伤,请求支援。"

120 工作人员:"收到,请保持镇静,救护车马上就到。"

押运人员:"收到。"

第三阶段　事故应急响应和救援处置阶段(15:35—15:50)

解说员:现场救援人员一般由警戒疏散、专业洗消、医疗救护、通信联络和后勤保障 5 方面的人员构成,钢瓶如果发生特大爆炸火灾事故,扑救相当困难、危险,现场不仅有大量外泄液化气燃烧,而且可能有临近钢瓶相继爆炸,在这种情况下要扑灭大火几乎是不可能的,唯一有效的办法是强行冷却控制,防止继续爆炸,减少损失,直至烧光、火熄灭为止,如图 3-34 所示。

a)消防人员奔赴现场

b)消防人员应急处置

c)围堰回收泄漏物

d)专业洗消

图 3-34　事故处置措施

(1)当事故无法控制或对人员可能造成伤亡时,将采取应急措施,停止抢险执行紧急疏散程序。

第三章　危险货物道路运输企业运输事故应急救援物资及应急演练

(2) 紧急疏散的时机：

①运瓶车辆发生火灾事故,而且无法控制,或有爆炸的可能。

②可燃性介质大量外泄时,有可能发生爆炸时。

③发生大火,经抢救无效(例如用尽所有的消防水或补充不及时,辐射热强度快速升高)时。

(3) 疏散措施。疏散行动只有在危险物质到达疏散区域前,有足够时间完成疏散行动时才执行。疏散行动的决定权在事故应急总指挥,下列事项在疏散命令下达时须加以考虑。

①泄漏量大小及估计可能持续时间。

②泄漏地点。

③毒性的影响。

④气象条件(风向、风速、温度、气候状况)。

⑤可能受危害的人数。

⑥疏散所需要的时间。

⑦判断疏散后的安全距离。

⑧决定疏散路径,以上风向方向为第一优先考虑。

⑨决定哪些人员需要做疏散及哪些范围内需要做疏散。

1) 交通管制与秩序维护

解说员：接到报警电话后,公安、交警、消防、卫生部门立即出动,赶赴事故现场进行抢险救援。

现在,我们看到南山公安分局和南山交警大队正在利用警示标志扩大初始警戒区,禁止无关人员靠近现场,根据测明的现场方向,指引现场人员停留在上风向的位置。而医院急救车也已经抵达事故现场,救护人员正在抢救受伤的驾驶人员。

应急演练动作：南山公安分局在现场设立警戒区,往上风处疏散人员,并对人员进行统计,严禁无关人员、车辆进入事故区域。维护现场秩序,协助交通管制、协助救援行动。

南山交警大队到达事故现场,开始交通管制和疏导工作。

2) 医疗救护

解说员：现在120救护车鸣着警笛已经抵达事故现场。

应急演练动作：救护车鸣笛入场,停放在指定位置。救护人员抢救受伤的驾驶人员,如图3-35所示。

3) 消防进场进行救援处置

解说员：现在我们看到,武警南山消防大队也已经到达事故现场,他们穿戴好防护用具,进行灭火,以控制火势,用消防水对钢瓶进行降温,并视火情,对事故车辆等进行喷水保护,如图3-36所示。

图3-35　伤员转移

应急演练动作:在指挥车的指引下,武警南山消防大队官兵在现场进行抢险救援,控制火势,对钢瓶降温,对车辆进行喷水保护。

应急演练台词:

武警消防人员:"报告指挥部,现场火灾已经处理完毕。"

指挥部:"收到。请立即转移钢瓶。"

第四阶段　事故现场清理阶段(15:50—16:05)

1)转移钢瓶

解说员:现在,现场处置基本完成,接下来,深岩燃气公司的工作人员开始进行钢瓶转移,如图3-37所示。(可补充转移钢瓶注意事项,深岩提供)

应急演练动作:将泄漏钢瓶放到防爆桶进行处置后,开始转移钢瓶。两车均熄火,开始转移钢瓶(事故车辆到救援车辆),车辆并排,旁开门直接转移。

图3-36　钢瓶降温

图3-37　转移钢瓶

应急演练台词:

深岩燃气工作人员:"报告指挥部,钢瓶已转移完毕。"

副总指挥:"收到。"

2)现场环境污染监测

解说员:现场抢险工作完成后,接下来,环境监测组要利用仪器对现场环境影响进行评估,确保没有再次起火爆炸风险。

应急演练动作:南山环水局的工作人员到达事故现场,开始利用检测仪进行现场环境监测工作。

应急演练台词:

南山环水局:"报告指挥部,根据现场检测和评估,车厢与周围气体浓度已在安全范围内,没有再次起火爆炸风险。"

指挥部:"收到。"

解说员:经过消防官兵与各部门的不懈努力,成功熄灭了大火,排除了事故隐患,保障了群众的生命与财产安全,事故现场清理完毕后,总指挥接到各单位的汇报后,下令应急结束。

总指挥:"我宣布,本次应急演练圆满结束。"

第三章　危险货物道路运输企业运输事故应急救援物资及应急演练

第五阶段　总结和点评阶段(16:05~16:20)

解说员:请各参演单位人员到指定位置集合,下面有请领导对本次应急演练情况进行点评和总结,如图3-38所示。

图3-38　演习结束后集合

应急演练动作:各参演单位在指定位置集合。

点评、总结会议结束,相关领导离场。

第四章

危险货物道路运输风险管控和事故应急措施

本章主要介绍危险货物道路运输风险管控重点列表，危险货物火灾扑救、洒漏、泄漏处理等知识点。

第四章 危险货物道路运输风险管控和事故应急措施

第一节 危险货物道路运输风险管控

影响危险货物道路运输安全性的对象涉及人、车、货物、道路、环境、管理各方面，是十分复杂的系统工程。通过对危险货物道路运输各环节进行深入研究，全面、系统地梳理出危险货物运输过程中，人、车、货物、道路、环境等方面可能存在的不安全行为、不安全状态，分析这些不安全行为和状态发生的可能性和严重程度，筛选出了道路运输风险管控点清单，见表4-1。

道路运输风险管控点清单　　　　　　　　　　　　　　　　　　表4-1

风险类别	风险因素	管理要求和措施
车辆运行轮胎爆裂	轮胎上有裂纹或磨损严重 夏季轮胎充气过足 长时间行驶超过轮胎负荷	(1) 驾驶人员要认真检查轮胎，及时更换； (2) 轮胎保持正常气压，不过量充气； (3) 高温天气行车，适当停车
车辆运行车辆失控	制动失灵 转向失灵 刮水器失灵	(1) 坚持对设备进行日常维护； (2) 驾驶人员每日坚持"三检"制度； (3) 行驶中加强检查，遇突发情况采取适当措施
车辆运行驾驶人员违章	酒后驾驶、疲劳驾驶 车内吸烟、接打手机 超速、越线行驶 闯红灯、走逆行	(1) 加强日常安全教育； (2) 加强路检路查； (3) 一经违章，从重处罚，直至解除劳动合同； (4) 凡因个人问题违章，由驾驶人员负责承担
车辆运行技术不熟练	新手 判断失误、处置不当	(1) 对驾驶人员经考核合格后，再单独驾车； (2) 控制车速，如遇异常情况应提前采取措施； (3) 押运人员加强道路观察，时刻提醒谨慎驾驶
车辆运行火灾	槽车管口燃气泄漏 电路老化、短路、起火 导电不良、未配消防器材	(1) 加强驾驶人员及押运人员的安全教育； (2) 加大出车前安全检查力度； (3) 发现易燃易爆物品应立即带离车外； (4) 车内严禁吸烟
车辆站场加气	站场内吸烟、接打手机等 加气时人员在车上睡觉 在站场内修理、清扫车辆 疲劳过度，产生幻觉	(1) 严格遵守站场防火规定； (2) 门卫加大安检力度，车辆进入站场必须安装防火罩； (3) 车辆到位安装挡车牌

续上表

风险类别	风险因素	管理要求和措施
倒车	观察不周,视线不清 在陡坡、道口繁华路段等易发生危险的区域倒车 倒车时押运人员不到位指挥	(1)加强安全行车教育和培训; (2)倒车前,应先查看车后、车下情况,确认安全后再倒车; (3)倒车时,押运人员在车后指挥; (4)倒车时速度要慢
超车、会车	开英雄车 判断失误 采取措施不当 道路狭窄、路况复杂	(1)行车途中,控制车速,勤观察路面动态,遇异常情况应提前采取措施; (2)定期组织岗位练兵、技术比武等活动; (3)繁华路段会车时,应注意对方车辆尾部,随时准备停车
掉头	观察不周 危险路段掉头 掉头未打转向灯	(1)加强驾驶人员对《交通安全法》的学习; (2)将车辆行驶到宽敞、视线良好的安全地段掉头; (3)掉头前,认真观察路况,并提前开启转向灯
停车	逆向或在不准机动车停放的行车道、人行道停车 后车跟车过近 故障停车时,未在后方设置警示三角牌 停车下人时,未注意后面来车 忘记拉驻车制动器操纵杆或未拉紧驻车制动器操纵杆	(1)将车辆停靠在指定地点; (2)在停车场以外临时停车时,按顺行方向靠右停靠,驾驶人员不能离开车辆; (3)在车辆停稳并仔细观察后,打开车门上、下人; (4)长时间停车,应打开尾灯,拉紧驻车制动器操纵杆,放置好停车警示三角牌; (5)夜间临时停车时,应打开尾灯、示廓灯
冰雪路面	道路结冰 轮胎无防滑措施 急转弯或紧急制动 车速过快 车辆轮胎磨损严重 驾驶人员缺乏冰雪路面行车安全知识和技能	(1)严格控制车速,适当增加横向间距和采用发动机制动; (2)配备必要的防滑链条; (3)无花纹的轮胎应提前更换; (4)避免急转转向盘,紧急制动; (5)车速不高于20km/h,与前车保持50m以上安全距离,礼让行车; (6)检查气压制动系统排污装置,并进行排污,防止在行车中因制动系统中的水结冰,造成制动失灵
雨雾天气	车速过快 驾驶人员视线不清 行驶途中,未开防雾灯、防炫目近光灯或尾灯 跟车距离过近	(1)雨、雾天行驶要保持安全车距,严禁超车; (2)要避免紧急制动,防止滑溜和甩尾; (3)要保证刮水器正常工作; (4)涉水后应轻踩制动踏板; (5)适当增加车距,打开防雾灯和示廓灯; (6)注意山体滑坡和路基塌陷

第四章　危险货物道路运输风险管控和事故应急措施

续上表

风险类别	风险因素	管理要求和措施
大风沙尘天气	视线不清或沙尘进入驾驶室,使驾驶人员迷眼 大风使行人、骑车人不能自控,或行人、骑车人躲避沙尘,占用机动车道行驶 大风刮断电线杆(线)、树枝等	(1)大风大雨天要尽量停驶; (2)大风天行车要控制车速,加强瞭望,特别注意道路上突然出现的横穿人员; (3)关闭驾驶室门窗,防止沙尘刮入; (4)及时清除风窗玻璃上的尘土,保证视线清晰
停车场	停车或起步前观察不周 车速过快 车辆乱停乱放 车场内空间狭窄	(1)注意观察停车场内人员和车辆的动态,主动避让; (2)进入停车场区,车速控制在5km/h以内; (3)停车场内车辆按次序停放
夜间行车	驾驶人员视线不清,对路面、车辆、行人行动判断不准 车速过快、精力不集中 车灯损坏或失灵 临时停车未开示宽灯 行车、会车时太靠路边,或对后车判断不准	(1)夜间行驶,应保证灯光,信号良好,适当降低行驶速度; (2)驾驶人员应保持旺盛的精力,严禁疲劳驾驶; (3)夜间掉头、倒车时要注意车辆和行人,确认周围安全后再进行; (4)临时停车,打开示廓灯和尾灯; (5)正确使用远光、近光灯,当感到对面来车炫目时,交替使用远近光灯示意对面来车驾驶人员,如对方仍未用近光灯,应减速靠右侧慢行; (6)控制车速,尽量不超车
城镇公路乡间公路	机动车与非机动车、行人不分道行驶 道路上摊晒物品 车速快,异常情况处理不及,路旁树木、房屋多,遮挡视线时 集市贸易摊位占据道路 农用车、摩托车、非机动车、行人等争道抢行 湿抹布擦拭用电器,触电	(1)驾驶人员在城镇公路行车时,应主动减速避让过往车辆,尽量不超车; (2)驾驶人员精力集中,时刻注意行人动向,对异常情况应尽早采取相应措施; (3)行车经过路口时,将车速降至30km/h内,确认安全后再通过; (4)在通过集市时,注意各种车辆和行人动向; (5)掌握好前后车之间的距离,发出的停车或转弯信号
车辆修理和维护	车辆维护不当 车辆维修没有达到要求	(1)定期维护车辆,使其处于良好的技术状态; (2)对车辆故障不得隔夜维修,更不能带故障运行

续上表

风险类别	风险因素	管理要求和措施
车辆修理和维护机械伤人	未放置掩木,车溜滑伤人	(1)严禁停车后立即打开散热器盖,须待发动机冷却后方可打开; (2)落千斤顶前,确认安全后将千斤缓缓落下; (3)作业过程中,必须在所更换钢板后端大梁上和钢板前端大梁上两处适当位置支好千斤顶和支撑铁凳,确保安全可靠
	千斤顶未支稳,又无可靠支撑,车身下落	
	修理工在车底修车时,其他人员随意起动车辆	
车辆修理和维护使用工具伤人	工具松动、打滑、滑脱	(1)保持工具清洁无油污,使用时戴好防护手套; (2)工具放入工具盒,零配件放入零件盘,做到工完料净场地清; (3)大锤、手锤使用前应检查锤把是否牢靠; (4)工作过程中严禁使用脆硬材料,对工件进行剧烈冲击; (5)两人以上配合搬动时,传接时双方密切配合
	使用大锤、手锤时,姿势不正确或锤头固定不牢	
	拆装轴承时,使用脆硬工具冲击轴承座,铁屑或工具崩裂飞出	
	电气焊作业时,工作面附近未做必要防护	
车辆修理和维护检修线路	电器线路老化,电气设备短路、起火	(1)作业前先断电,严格检查线路; (2)加强安全知识和操作技术培训; (3)严格按规程操作
	操作不当造成短路、起火	
	导线搭铁不良,起火花	
车辆修理和维护高温物体液体	热车打开散热器盖检查时溅灼伤身体	(1)禁止热车时开启散热器盖和擦拭发动机; (2)加强对驾驶人员和维修人员的教育,提高自我防护能力
	热车排放润滑油时溅灼伤身体	
	热车擦拭或检查调整发动机时灼伤身体	

第二节 危险货物火灾扑救

危险货物容易发生着火、爆炸等事故,不同的危险货物在不同的情况下发生火灾时,其扑救方法差异很大,若处置不当,不仅不能有效地扑灭火灾,反而会使险情进一步扩大,造成不应有的财产损失。由于危险货物本身及其燃烧产生的物质大多具有较强的毒害性和腐蚀性,极易造成人员中毒、灼伤等伤亡事故。因此扑救危险货物火灾是一项极其重要又非常艰巨和危险的工作。从事危险货物道路运输的人员熟悉和掌握所运危险货物的主要特性及其相应的灭火方法。

扑救危险货物火灾的总的要求是:

第四章 危险货物道路运输风险管控和事故应急措施

(1) 先控制,后消灭。针对危险货物火灾的火势发展蔓延快和燃烧面积大的特点,积极采取统一指挥、以快制快;堵截火势、防止蔓延;重点突破,排除险情;分割包围,速战速决的灭火战术。

(2) 扑救人员应占上风口或侧风口位置施救,以免遭受有毒有害气体的侵害。

(3) 进行火情侦察、火灾扑救及火场疏散应有针对性采取自我防护措施。如佩戴防护面具,穿戴专用防护服等。

(4) 应迅速查明燃烧范围、燃烧物品及其周围物品的品名和主要危险特性、火势蔓延的主要途径。

(5) 准确选择适应的灭火剂和灭火方法。火势较大时,应先堵截火势蔓延,控制燃烧范围,然后逐步扑灭火势。

(6) 对有可能发生爆炸、爆裂、喷溅等特别危险需紧急撤退的情况,应按照统一的撤退指令和方法及时撤退(撤退信号应格外醒目,能使现场所有人员都看到或听到,并经常预先应急演练)。

火灾扑灭后,起火单位应当保护现场,接受事故调查,协助公安消防监督部门和安全监督管理部门调查火灾的原因,核定火灾损失,查明火灾责任,未经公安监督部门和安全监督管理部门的同意,不得擅自清理火灾现场。

一、爆炸品

爆炸品由于内部结构含有爆炸性因素,受摩擦、撞击、振动、高温等外界因素诱发,极易发生爆炸,遇明火则更危险。发生爆炸品火灾或运输爆炸品车辆发生事故(侧翻、追尾等)时,要迅速判断和查明发生爆炸的可能性和危险性,采取一切可能措施防止、制止爆炸。一般应注意以下几点:

(1) 爆炸品通常有效的灭火方法是用水冷却,同时要注意使用雾状水,避免强力水流直接冲击。但不能采取窒息法或隔离法,禁止使用砂土覆盖燃烧的爆炸品,否则会导致爆炸。

(2) 施救人员应注意采取自我保护措施,尽量利用现场的地形、地物作为掩蔽体或尽量采用俯卧等低姿射水。

(3) 爆炸品着火可用水、空气泡沫(高倍数泡沫较好)、二氧化碳、干粉等扑灭剂施救,最好的灭火剂是水。因为水能够渗透到爆炸品内部,在爆炸品的结晶表面形成一层可塑性的柔软薄膜,将结晶包围起来使其钝感。爆炸品着火时首要的就是用大量的水进行冷却,禁止用砂土覆盖,也不可用蒸气和酸碱泡沫灭火剂灭火。在房间内或在车厢、船舱内着火时要迅速将门窗、厢门、船舱打开,向内射水冷却,万万不可关闭门窗、厢门、舱盖窒息灭火。要注意利用掩体,在火场上可利用墙体、低洼处、树干等掩护,防止人员受伤。

(4) 由于有的爆炸品不仅本身有毒,而且燃烧产物也有毒,所以灭火时应注意防毒:有毒爆炸品着火时应戴隔绝式氧气或空气呼吸器,以防中毒。

(5) 迅速判断和查明再次发生爆炸的可能性和危险性,紧紧抓住爆炸后和再次发生爆炸之前的有利时机,采取一切可能的措施,全力制止再次爆炸的发生。

(6)切忌用砂土盖压,以免增加爆炸物品的爆炸威力。

(7)如果有疏散可能,人身安全确有可靠保障,应迅速组织力量及时疏散着火区域周围的爆炸物品,使周围形成一个隔离带。

(8)扑救爆炸物品堆垛时,水流应采取吊射,避免强力水流直接冲击堆垛,以免堆垛倒塌引起再次爆炸。

(9)灭火人员发现有再次发生爆炸的危险时,应立即向现场指挥报告,经现场指挥确认后,立即下达撤退命令。

二、气体

在装卸、运输中遇有火情,应立即报告公安消防部门并组织扑救。同时,应尽可能将未着火的钢瓶迅速移至安全处。对已着火的钢瓶应使用大量雾状水喷洒在钢瓶上,使其降温冷却;火势尚未扩大时,可用二氧化碳、干粉、泡沫等灭火器进行扑救。扑救气体危险货物火灾时,扑救人员应先关闭管道或容器阀门,阻止继续外泄,防止扩大灾情。

三、易燃液体

易燃液体通常储存在不同容器内,与气体不同的是液体容器有的密封,有的敞开,一般都是常压。液体不管是否着火,如果发生泄漏或溢出,都将顺着地面流淌或水面飘散。而且,易燃液体还有密度和水溶性等涉及能否用水和普通泡沫扑救的问题以及危险性很大的沸溢和喷溅问题。遇易燃液体火灾,一般应采取以下基本方法:

(1)首先应切断火焰蔓延的途径,冷却和疏散受火势威胁的密封容器和可燃物,控制燃烧范围,并积极抢救受伤和被困人员,如有液体流淌时,应筑堤(或用围油栏)拦截流淌的易燃液体或挖沟导流。

(2)及时了解和掌握着火液体的品名、密度、水溶性以及有无毒害、腐蚀、沸溢、喷溅等危险性,以便采取相应的灭火和防护措施。

(3)大部分易燃液体的密度小于水,且不溶于水,一旦发生火灾,用水扑救时因水会沉在燃烧着的液体下面,并能形成喷溅、漂流等而扩大火灾。另外,易燃液体燃烧时所产生的热量较大,而其燃点又较低,很难使温度低于其燃点,因此,消灭易燃液体火灾的最有效方法是采用泡沫、二氧化碳、干粉、1211灭火器等扑救。扑救液体危险货物火灾时,扑救人员应注意先关闭管道或容器阀门,阻止继续外溢,防止灾情扩大。

密度轻又不溶于水的液体(如汽油、苯等)用直流水、雾状水扑救往往无效,一般使用普通蛋白泡沫或轻水泡沫灭火。比水重又不溶于水的液体起火时可用水扑救,水能覆盖在液面上灭火,用泡沫也有效。用干粉扑救时,灭火效果要视燃烧面积大小和燃烧条件而定。注意最好用水冷却罐壁,降低燃烧强度。

具有水溶性的液体(如醇类、酮类等),虽然从理论上讲能用水稀释扑救,但用此法水必须在溶液中占很大的比例。这不仅需要大量的水,也容易使液体溢出流淌,而普通泡沫又会受到水溶性液体的破坏(如果普通泡沫强度加大,可以减弱火势),因此,最好用抗溶性泡沫扑救。用干粉扑救时,灭火效果要视燃烧面积大小和燃烧条件而定,也需用水冷却罐壁,降低燃烧强度。

(4)扑救毒害性、腐蚀性或燃烧产生毒害性较强的易燃液体火灾,扑救人员必须佩戴防护面具,采取防护措施。

(5)扑救原油和重油等具有沸溢和喷溅危险的液体火灾,必须注意计算可能发生沸溢、喷溅的时间和观察沸溢、喷溅的征兆。指挥员发现征兆时应迅速作出准确判断,及时下达撤退命令,避免造成人员伤亡和装备损失。扑救人员看到或听到统一撤退信号后,应立即撤退至安全地带。

四、压缩气体和液化气体

压缩气体和液化气体储存在不同容器内,其中,较小钢瓶内的气压较高,受热或火焰熏烤容易发生爆裂。

扑救气体火灾切忌盲目灭火,即使在扑救周围火势以及冷却过程中不小心把泄漏处的火焰扑灭,在没有采取堵漏措施的情况下,也必须立即用长点火棒将火点燃,使其恢复稳定燃烧。否则,大量可燃气体泄漏出来与空气混合,遇着火源会发生爆炸,后果将不堪设想。

压缩或液化气体火灾一般应采取以下基本方法:

(1)首先应扑灭外围被火源引燃的可燃物火势,切断火势蔓延途径,控制燃烧范围,并积极抢救受伤和被困人员。

(2)如果火势中有压力容器或有受到火焰辐射热威胁的压力容器,能疏散的应尽量在水枪掩护下疏散到安全地带,不能疏散的应部署足够的水枪进行冷却保护。为防止容器破裂伤人,进行冷却的人员应尽量采用低姿射水或利用现场坚实的掩蔽体防护。

(3)如果储罐泄漏关阀无效时,应根据火势大小判断气体压力和泄漏口的大小及其形状,准备好相应的堵漏材料(如木塞等堵漏工具,详见第三章应急救援物资)。

(4)堵漏工作准备就绪后,即可用水扑灭火势,也可以用干粉、二氧化碳灭火,但仍需要用水冷却烧烫的罐体。火扑灭后,应立即用堵漏材料堵漏,同时用雾状水稀释和驱散泄漏出来的气体。若泄漏口很大,根本无法堵住,这时可采取措施冷却着火容器及周围容器和可燃物,控制着火范围,直到燃气燃尽,火焰就会自动熄灭。

(5)一般情况下完成了堵漏也就完成灭火工作,但有时一次堵漏不一定能成功,如果一次堵漏失败,再次堵漏需要一定时间,应立即用长点火棒将泄漏处点燃,使其恢复稳定燃烧,以防止较长时间泄漏出来的大量可燃气体与空气混合后形成爆炸性混合物,从而避免发生爆炸的危险,并准备再次灭火堵漏。

(6)现场指挥应密切注意各种危险征兆,遇有火势熄灭后较长时间未能恢复稳定燃烧或受热辐射的容器安全阀火焰变亮耀眼、尖叫、晃动等爆裂征兆时,指挥员必须适时作出准确判断，及时下达撤退命令。现场人员看到或听到事先规定的撤退信号后，应迅速撤退至安全地带。

五、易燃固体、易于自燃的物质、遇水放出易燃气体的物质

部分易燃固体、易于自燃的物质除遇空气、水、酸易燃外，而且还具有一定的毒害性，其燃烧产物也大多是剧毒的，如赤磷、黄磷、磷化钙等金属的磷化物本身毒性都很强，其燃烧产物五氧化二磷、遇湿产生的易燃气体磷化氢等都具有剧毒，磷化氢气体有类似大蒜的气味，当空气中含有 0.01mg/L 时，吸入即可引起中毒。所以，在扑救易燃固体、易于自燃的物质和遇水放出易燃气体的物质火灾时，应特别注意防毒、防腐蚀，要佩戴一定的防护用品确保人身安全。

由于本类物品性质各异，因此采取灭火的手段有所区别，分别介绍如下。

1. 易燃固体

根据易燃固体的不同性质，可用水、砂土、泡沫、二氧化碳、干粉灭火剂来灭火。但必须注意以下事项：

(1) 遇水反应的易燃固体不得用水扑救，可用干燥的砂土、干粉等灭火剂进行扑救。如闪光粉、铝粉等，不可用水灭火。因为闪光粉是镁粉和氯酸钾混合物，化学性质很活泼，能与水产生剧烈的反应，生成氢气能燃烧，被水冲散到空气中的闪光粉或铝粉末，在遇明火还有爆炸的危险。

镁粉、铝粉、钛粉、锆粉等金属元素的粉末类火灾，不可用水也不可用二氧化碳等施救。因为这类物质着火时，可产生相当高的温度，高温可使水分子或二氧化碳分子分解，从而引起爆炸或使燃烧更加猛烈，如金属镁燃烧时可产生 2500℃ 的高温，将烧着的镁条放在二氧化碳气体中时，镁和二氧化碳中的氧反应生成氧化镁，同时产生无定形的碳。所以，金属元素物质着火不可用水和二氧化碳扑救。

(2) 有爆炸危险的易燃固体禁用砂土压盖，如具有爆炸危险性的硝基化合物。

(3) 遇水或遇酸产生剧毒气体的易燃固体，严禁用水、硝碱、泡沫灭火剂。如磷的化合物和硝基化合物(包括硝化棉、赛璐珞)、氰化合物、硫黄等，燃烧时产生有毒和刺激性气体，扑救时须注意戴好防毒面具。

(4) 火场中抢救出来的赤磷要谨慎处理，因为赤磷在高温下会转化为黄磷变成易于自燃的物质。同时在扑救时，赤磷被水淋过受潮后，也会缓慢引起自燃。

(5) 对脂肪族偶氮化合物、芳香族硫代酰肼化合物、亚硝基类化合物和重氮盐类化合物等自然反应物质(如偶氮二异丁腈、苯磺酰肼等)，由于此类物质燃烧时不需要外部空气中氧的参与，所以着火时不可用窒息法，最好用大量的水冷却灭火。

由于三硫化四磷、五硫化二磷等磷化物遇水或潮湿空气，可分解产生易燃有毒的硫化氢气体，所以也不可用水扑救。

2. 易于自燃的物质

(1) 此类物质发生火灾时，一般可用干粉、砂土(干燥时有爆炸危险的易于自燃的物质

第四章 危险货物道路运输风险管控和事故应急措施

除外)和二氧化碳等灭火。与水能发生作用的物品严禁用水灭火,如三乙基铝、铝铁熔剂燃烧时温度极高,能使水分解产生氢气,此类物品可用砂土、干粉等灭火剂。

(2)黄磷是自燃点很低在空气中能很快氧化升温并自燃的物品。对着火的黄磷应用低压水或雾状水扑救,高压直流水冲击能引起黄磷飞溅,导致灾害扩大。对黄磷火灾现场须谨慎处理,黄磷被水扑灭后只是暂时熄灭,残留黄磷待水分蒸发后又会自燃,所以现场应有专人密切观察。故黄磷可用水施救,且最好浸于水中。同时要注意,黄磷燃烧时会产生剧毒的五氧化二磷等气体,扑救时应穿戴防护服和防毒面具。

潮湿的棉花、油纸、油绸、油布、赛璐珞碎屑等有积热自燃危险的物品着火时一般都可以用水扑救。

(3)对不同的危险货物,在作业中应了解其不同的自燃点并注意采取相应的措施。

3.遇水放出易燃气体的物质

遇水放出易燃气体的物质能与水发生化学反应,产生可燃气体和热量,有时即使没有明火也能自动着火或爆炸,如金属钠、金属钾及三乙基铝(液体)等。因此,这类物品有一定数量时,绝对禁止用水、泡沫等湿性灭火剂扑救。

遇水放出易燃气体的物质发生火灾时,应迅速将邻近未燃物质从火场撤离或与燃烧物进行有效的隔离。在灭火时绝对不能用水,只能用干砂、干粉扑救,并注意以下物品在灭火时绝不能用水扑救:

(1)活泼金属及其他与水接触放出氢气的物质。

(2)遇水产生碳氢化合物(气体)的物质。

(3)遇水产生过氧化物等易放出助燃气体的物质。

(4)酸类等遇水产生高温的物质。

(5)遇水产生有毒或腐蚀性气体的物质。

(6)密度小于水的物质。

遇水反应产生易燃或有毒气体的物质,不得使用泡沫灭火剂。如碳化钙(电石)等,与酸或氧化性物质、氢化物等反应的物质,禁止使用酸碱式泡沫灭火剂。

活泼金属禁用二氧化碳灭火器进行扑救,因为钾、钠等具有极强的还原性,甚至能夺取二氧化碳中的氧。所以,二氧化碳不但起不了灭火作用,反而助长火势,应当使用苏打、食盐、氮或石墨粉来扑救。锂的火灾不能用食盐和氮扑救,而只能用石墨粉扑救。

碳化物、磷化物遇水反应能产生剧毒、腐蚀性气体,灭火扑救时应穿戴防护用品和隔离式呼吸器。

六、氧化性物质和有机过氧化物

氧化性物质和有机过氧化剂从灭火角度讲是一个杂类,既有固体、液体,又有气体;既不像遇水放出易燃气体的物质一概不能用水和泡沫扑救,也不像易燃固体几乎都可以用水和泡沫扑救。有些氧化剂本身不燃,但遇可燃物品或酸碱能着火和爆炸。有机过氧化物(如过氧化二苯甲酰等）本身就能着火、爆炸，危险性特别大，扑救时要注意人员防护。不同的氧化剂和有机过氧化物有的可用水或泡沫扑救，有的则不能；有的不能用二氧化碳扑救，酸碱灭火剂则几乎都不能适用。故在扑救时，首先要迅速查明着火或反应的氧化剂和有机过氧化物以及其他燃烧物的品名、数量、危险性、燃烧范围、火势蔓延途径、能否用水或泡沫扑救。能用水或泡沫扑救时，应尽一切可能控制火势蔓延，使着火区孤立，限制燃烧范围。不能用水、泡沫、二氧化碳扑救时，应用干粉或水泥、干砂覆盖。

遇到氧化剂和有机氧化物火灾，一般应注意以下几点：

（1）对有机过氧化物、金属过氧化物、有机过氧酸及其衍生物不能用水扑救，因为这些氧化性物质和水作用可以生成氧气，能帮助燃烧、扩大火势，只能用砂土、干粉、二氧化碳灭火剂进行灭火。如泡沫灭火剂中的药剂是水溶液，也禁止使用。

（2）其余大部分氧化性物质都可以用水扑救，粉状物品应用雾状水扑救。

（3）在扑救时，要配备适当的防毒面具，以防中毒。在没有防毒面具的情况下，可将一般口罩用5%的小苏打水浸泡后使用。但其有效时间短，必须随时更换。

（4）由于大多数氧化剂和有机过氧化物遇酸会发生剧烈反应甚至爆炸，如过氧化钠、过氧化钾、氯酸钾、高锰酸钾、过氧化二苯甲酰等。因此，运输这类物品的单位和场合，对泡沫和二氧化碳也应慎用。

（5）氧化剂着火或被卷入火中时，会放出氧而加剧火势，即使惰性气体中，火仍然会进行燃烧；无论将货舱、容器、仓房封死或者用蒸气、二氧化碳及其他惰性气体灭火都是无效的；如果用少量的水灭火也是无效的；如果用少量的水灭火，还会引起物品中过氧化物的剧烈反应。因此应使用大量的水或用水淹浸的方法灭火，这是控制氧化剂火灾的最为有效的方法。

（6）有机过氧化物着火或被卷入火中时，可能导致爆炸，所以，应迅速将这些包件从火场移开，人员应尽可能远离火场，并在有防护的位置用大量的水灭火。任何曾卷入火中或暴露于高温下的有机过氧化物包件，即使火已扑灭，在包件未完全冷却时会随时发生剧烈分解。如有可能，应在专业人员技术指导下，对这些包件进行处理；如果没有这种可能，在水上运输时，情况紧急时应考虑将其投弃水中。

七、毒性物质和感染性物质

毒性物质和感染性物质对人体都有一定的危害。毒性物质主要经口或吸入蒸气或通过皮肤接触引起人体中毒，感染性物质是通过皮肤接触使人体形成化学灼伤。毒性物质、感染性物质有些本身能着火，有的本身并不着火，但与其他可燃物品接触后能着火。这类物品发生火灾一般应采取以下基本对策：

（1）灭火人员必须穿防护服，佩戴防护面具。对有特殊物品火灾，应使用专业防护服。在扑救毒性物质火灾时应尽量使用隔绝式氧气或防毒面具。

（2）首先限制燃烧范围。毒性物质、感染性物质火灾极易造成人员伤亡，灭火人员在采取防护措施后，应立即投入抢救受伤和被困人员的工作中，以减少人员伤害。

第四章　危险货物道路运输风险管控和事故应急措施

（3）毒性物质因其品类繁多、性质各异，一旦发生火灾其灭火方法必须注意以下几点：

①无机毒性物质中的硒化合物、磷化锌、磷化铝、氟化氢钠、氯化硫、二氯化硫等，因为其氟、氯、硫、硒、磷等都是性质活泼的非金属，遇水后能和水中的氢生成有毒或有腐蚀性的气体。因此，这类物品起火后，不能用水扑救，而要用砂土或二氧化碳灭火剂扑救。

②毒性物质中的氰化物遇酸性物质能生成剧毒气体氢化氰，这类物品发生火灾时，不得用酸碱灭火剂扑救，可用水及砂土扑救。

③大部分毒性物质在着火、受热或与水、酸接触时，能产生有毒和刺激性气体及烟雾，灭火人员必须根据毒性物质的性质采取不同的消防方法。在扑救火灾时，尽可能站在上风方向，并戴好防毒面具等。

④浓硫酸遇水能放出大量的热，会导致沸腾飞溅，需特别注意防护。扑救浓硫酸与其他可燃物品接触发生的火灾，浓硫酸数量不多时，可用大量低压水快速扑救。如果浓硫酸量很大，应先用二氧化碳、干粉等灭火，然后再把着火物品与浓硫酸分开。

⑤因为绝大部分有机毒性物质都是可燃物，且燃烧时能产生大量的有毒或剧毒的气体，所以，做好毒性物质着火时应急灭火措施是十分重要的。在一般情况下，如果是液体毒性物质，可根据液体的性质（有无水溶性和相对密度的大小）选用抗溶性泡沫或机械泡沫及化学泡沫灭火，或用砂土、干粉、石粉等措施；如果是固体毒性物质着火，可根据其性质分别采用水、雾状水或砂土、干粉、石粉扑救。

八、腐蚀性物质

腐蚀性物质，可概括为大量用水和谨慎用水两种灭火方法。

无机腐蚀性物质发生着火或有机腐蚀性物质直接燃烧时，除具有与水反应特性的物品外，一般可用大量的水扑救。即使有些腐蚀性物质会与水反应，但这些物品量较少，而大量的水迅速扑上足以抑制热反应，也应用大量的水扑救。但用水时应谨慎，宜用雾状水，不能用高压水柱直接喷射物品，尤其是酸液，以免飞溅的水珠带上腐蚀性物质灼伤灭火人员。同时，要控制水的流向，以免带腐蚀性的水流破坏环境。

不少腐蚀性物质燃烧时，会产生有毒气体和烟雾，用水扑救时，产生的蒸气也可能有毒性和腐蚀性。因此，扑救时应穿防护服，戴防毒面具，且人应站在上风处。

与水会发生剧烈反应的大量腐蚀性物质发生着火时，用大量的水若不能抑制，液体腐蚀性物质应用干砂，或者干土覆盖或用干粉灭火机扑救。

腐蚀性物质着火，一般可用雾状水或干砂、泡沫、干粉等扑救，不宜用高压水，以防酸液四溅，伤害扑救人员；硫酸、卤化物、强碱等遇水发热、分解或遇水产生酸性烟雾的物品着火时，不能用水施救，可用干砂、泡沫、干粉等扑救。灭火人员要注意防腐蚀、防毒气，应戴防毒口罩、防毒眼镜或防毒面具，穿橡胶雨衣和长筒胶鞋，戴防腐蚀手套等。灭火时人应站在上风处，发现中毒者，应立即送往医院抢救，并说明中毒品的品名，以便医生救治。

九、杂项危险物质和物品,包括危害环境物质

本类货物的灭火方法和洒漏处理等要求,应按照不同货物的《化学品安全标签》和《化学品安全技术说明书》的有关要求进行。

第三节　危险货物洒漏、泄漏处理

在危险货物道路运输过程中,会出现一些意外的危险货物包装物破裂、倒洒等事故,造成危险货物的洒漏、泄漏,因此需要采取简单、有效的安全技术措施消除或减少泄漏危害。如果对泄漏控制不住或处理不当,随时都有可能转化为燃烧、爆炸、中毒等恶性事故。

在危险货物道路运输过程中一旦发生泄漏,首先要疏散无关人员,隔离泄漏污染区。如果是易燃易爆化学品的大量泄漏,这时一定要打"119"报警,请求消防专业人员救援,同时保护、控制好现场。

切断火源对易燃易爆危险化学品泄漏处理特别重要。如果泄漏物是易燃易爆物,则必须立即切断火源(电源)、消除泄漏污染区域内的各种火源。

一、爆炸品

对爆炸物品洒漏物,应及时用水湿润。再撒以锯末或棉絮等松软物品,收集后并保持相当湿度,报请公安部门或消防人员等相关人员处理。绝对不允许将收集的洒漏物重新装入原包装内。

二、气体

在液氯(剧毒化学品)泄漏时,扑救人员必须穿戴好具有防毒面具的防护服,如图4-1所示。

图4-1　液氯泄漏时的施救

第四章　危险货物道路运输风险管控和事故应急措施

在装卸、运输中发现钢瓶漏气时，特别是对于有毒气体，应立即报告公安、消防部门并组织扑救，迅速将漏气钢瓶移至安全场所，并根据气体性质做好相应的人身防护。

扑救者应注意站在上风处，向钢瓶倾泼冷水使之降低温度，然后再将阀门旋紧。大部分有毒气体能溶解于水，紧急情况时，可用浸过清水的毛巾捂住口鼻进行操作。若不能制止洒漏时，可将钢瓶推入水中，并及时通知相关管理部门处理。

三、易燃液体

易燃液体一旦发生洒漏时，应及时以砂土覆盖或用松软材料进行吸附，吸附后集中至空旷安全处处理，覆盖时特别要注意防止液体流入下水道、河道等地方，以防污染。更主要的是如果液体浮在下水道或河流道的水面上，其火灾隐情更重要。

在销毁收集物时，应充分注意燃烧时所产生的有毒气体对人的危害，必要时应穿戴好防毒面具。

四、易燃固体、易于自燃的物质、遇水放出易燃气体的物质

在装卸、运输过程中货物洒漏时，可以收集起来另行包装。收集的残留物不能任意排放、抛弃。对与水反应的洒漏物处理时不能用水，但清扫后的现场可以用大量水冲刷清洗。还应注意，对注有稳定剂的物品，残留物收集后重新包装，也应注入相应的稳定剂。

五、氧化性物质和有机过氧化物

（1）在装卸过程中，由于包装不良或操作不当，有部分氧化性物质洒漏，应轻轻扫起另行包装或使用惰性材料作为吸收剂将其吸收起来，然后在尽可能远的地方以大量的水冲洗残留物。严禁使用锯末、废棉纱等可燃料作为吸收材料，以免发生氧化反应而着火。对收集起来的泄漏物，切不可重新装入原包装或装入完好的包件内，以免杂质混入而引起危险。为防止发生变化，不得同车发运，须留在发货处的适当地方，观察24h以后才能重新入库堆存。

（2）对洒漏的少量氧化性物质或残留物应清扫干净，进行深埋处理。

六、毒性物质和感染性物质

对毒性物质的洒漏物，应视其具体情进行处理。如固体货物，通常扫集后装入其他容器中交货主单位处理；液体货物应以砂土、锯末等松软物浸润，吸附后扫集盛入容器中交付货主单位处理；对毒性物质的洒漏物不能任意乱丢或排放，以免扩大污染甚至造成不可估量的危害。

毒性物质污染过的场地、车辆或防护用品，其洗刷消毒基本方法如下：

（1）氰化物污染物。对于氰化物，如氰化钠、氰化钾污染，可将硫酸钠水溶液撒在污染处，因硫酸钠与氰化物可以生成低毒的硫氰酸盐，从而消除氰化物的毒性，然后用热水冲洗，最后用冷水冲洗。也可用硫酸亚铁、高锰酸钾或次氯酸钠等来处理。

(2)有机磷农药污染物。有机磷农药如苯硫磷、敌死通等洒漏时,首先用生石灰将洒漏物吸干,然后用碱水浸湿污染处,再用热水洗刷,最后用冷水冲洗即可。但是,应注意敌百虫也是有机磷农药,不可以用碱水洗刷,因为敌百虫在碱性溶液中分解很快,大部分变成毒性比其大数倍,且易挥发的敌敌畏,所以敌百虫洒漏后,只能用大量水洗刷。

(3)硫酸二甲酯污染物。硫酸二甲酯为酸性毒品,在冷水中缓慢分解,分解速度随温度上升而加快。洒漏后先将氨水洒在污染处起中和作用,也可用漂白粉加上5倍的水浸湿污染处,再用碱水浸湿,最后用热水和冷水各冲洗一次。

(4)芳香族氨基或硝基化合物污染物。对芳香族氨基或硝基化合物,如苯胺、硝基苯等,可将稀盐酸溶液浸湿污染处,再用水冲洗。

(5)砷化物污染物。砷化物如砷、三氧化二砷等,因砷在空气中其表面很快被氧化成三氧化二砷而微溶于水,生成砷酸、亚砷酸。亚砷酸能溶于碱,生成亚砷酸盐,而亚砷酸盐溶于水,可用氢氧化铁解毒,最后用水冲洗。

(6)有机氯粉剂或乳剂农药污染物。有机氯农药在一般情况下不溶于水,而在碱溶液中极易分解放出氯化氢,生成三氧化苯。所以洒漏后,先将洒漏物收集起来,再用清水冲洗,最后用热水冲洗,无热水时可以撒上碱后用水冲洗。

七、腐蚀性物质

(1)腐蚀性物质洒漏时,液体腐蚀性物质应用干砂、干土覆盖吸收,扫除干净后,再用水洗刷。腐蚀性物质大量溢出,或用干砂、干土不足以吸收时,可视货物的酸碱性质,分别用稀碱或稀酸中和。中和时,要防止发生剧烈反应。用水洗刷洒漏现场时,不能用水直接喷射,只能缓慢的浇洗或用雾状水喷淋,以防水珠飞溅伤人。

(2)溴污染。溴为棕红色发烟液体,沸点为55.8℃,遇水极易挥发,水蒸气有毒。污染时,污染处撒上硫代硫酸钠溶液,使溴生成溴化钠,最后可用大量水冲洗。在污染处理作业时,要注意防火。因溴与有机物混合,可能引起燃烧。

八、杂项危险物质和物品,包括危害环境物质

本类货物的灭火方法和洒漏处理等要求,应按照不同货物的《化学品安全标签》和《化学品安全技术说明书》的有关要求进行。

附 录

附录一　北京普莱克斯运输车辆事故专项应急预案

应急预案编号：　　　　　　　　　应急预案版本号：

北京普莱克斯运输车辆事故
专项应急预案

　　　　　　　　　编制单位：北京普莱克斯实用气体有限公司
编　　制：×××
审　　核：×××
批　　准：×××
颁布日期：××××年××月××日

程序年审表

　　这个计划每年重新修订一次,每次修订后,请在下面的表格中签上修订人的姓名和日期。

2013 年 5 月	×××
2014 年 5 月	×××
2015 年 5 月	×××
2016 年 5 月	×××

北京普莱克斯运输车辆事故
专项应急预案目录

1　生产经营单位事故风险分析
2　应急救援组织机构、人员和职责
3　事故应急处置程序
4　事故应急处置方案
5　应急结束

1 生产经营单位事故风险分析

1.1 单位概况

公司地处朝阳区化工路六号,西侧紧邻东四环,北侧和东侧是闲置用地,南侧是和众运输公司,公司配送部现有员工94人,其中管理人员11人,专职安全管理人员2人,驾驶人员50人,押运人员13人,装卸工20人。现有车辆共计37辆,其中22辆运输液体,15辆运输钢瓶气。服务的客户主要有:北京市各大医院,医疗制药、航空航天试验、电子行业、科研院所、食品行业、城市水处理(包括自来水、中水、污水处理)、食品行业、汽车行业等多领域。运输区域主要在京津冀地区,运输半径在200km左右。

本公司生产的原料是大气,主要消耗的能源是电和水,产品分三类:管道气体产品、液体产品和瓶装气产品。其中管道气体产品是按生产工艺生产出成品后,经压缩机升压,经长输管线直接输送到终端客户;液体产品通过22辆液体槽车运输到各客户;瓶装气产品是按生产工艺生产的液体产品经气化升压及分装到钢瓶内,再通过15辆货车运输到各客户,生产量大约为1000瓶/天。

1.2 事故风险分析

1.2.1 交通事故

(1)一般事故:即道路行驶中车辆的相互剐蹭,不造成人员的伤亡和车辆的巨大损失。

(2)严重事故:即在道路行驶中车辆的碰撞,造成车辆损失严重和社会交通影响。

(3)恶性事故:即在道路行驶中车辆翻车、撞车,不仅造成车辆损失严重,同时造成人员伤亡和社会交通影响。

1.2.2 车辆着火

(1)一般车辆着火,即车辆行驶中,因车辆油路、电路着火,造成车辆损失和社会交通影响。

(2)因交通事故、碰撞、翻车,造成车辆着火、人员伤亡、车辆损失严重和社会交通影响。

1.2.3 产品泄漏

(1)罐车在公司充装液体时,在给用户储罐充装时,在道路行驶中液态产品都有小的泄漏。

(2)发生车辆事故,储罐设备受损,或充装时软管脱落、断裂,造成大量液体泄漏,造成人员伤亡、车辆损失严重和社会交通影响。

1.2.4 自然灾害

(1)在营运途中发生火灾、水灾、山体滑坡及路面塌陷。

(2)在营运途中发生恶劣天气。

(3)在营运途中发生地震。

2 应急救援组织机构、人员和职责

2.1 应急组织救援机构

组长:总经理×××

副组长:副总经理×××
组员:安全质量部经理×××,配送部经理×××

2.2 工作职责

2.2.1 总指挥:总经理×××,副总指挥:副总经理×××

负责召开紧急会议,部署救援工作,确定救援方案,向公司各部门下达救援指令,掌握救援工作进展情况,决定和调动公司资源。

2.2.2 (安全/质量部)经理×××,(配送部)经理×××

负责落实救援领导小组的决定,负责公司部门的沟通、协调,负责向公司提交救援报告,分析原因,惩罚处理,教育员工。

2.2.3 ×××安全员

负责协助副总指挥进行现场指挥,负责与医疗部门联系,积极组织人员抢救伤者,疏散无关人员,保护现场,搜集证据,进一步做好安全防护工作,避免在救援过程中产生新的危险,协助交安管理部门处理事故。

2.2.4 ×××(罐车调度),×××(货车调度),×××(二氧化碳运输主管)

负责驾驶人员,操作工,装卸工和车辆的调派,负责与保险部门联系事故处理。

2.2.5 ×××(车辆维修)

负责现场车辆的抢修及与定点修理厂的联系。

2.2.6 其他人员

如有特殊需要,电话或现场支援。

2.3 北京普莱克斯实用气体有限公司应急通信录

应急救援办公室设在配送部计划调度中心。

电话: 传真:

姓 名	职 务	办公电话	手机电话	备 注
×××				第三联系人
……				第三联系人
……				第三联系人
×××				第二联系人
……				第二联系人
……				第二联系人
×××				第一联系人
……				第一联系人
……				第一联系人

2.4 政府部门通信电话

急救中心:120/999
火警:119

交警:122

匪警:110

国家化学事故应急咨询服务热线电话:0532—83889090

2.5 应急设施的配备及其分布

2.5.1 随车应急物品

(1)应急物品包,包括:防毒面具2个、防火手套2副、警示灯1只、手电筒1只、卷尺1个、盒尺1个、20m警戒带1条、驾驶人员安全手册(含产品数据单)1本、应急电话号码:××××××。

(2)个人防护用品:安全帽、防护眼镜、防护面罩、防砸鞋、手套。

(3)安全用品:安全锥、三角牌、灭火器。

2.5.2 应急车辆准备

配送部2辆公务车,遇有突发状况,可24h待命,随时处理紧急事件。

2.5.3 气体浓度探测仪

公司安全部配有氧气探测仪、氢气探测仪,专人保管。遇有紧急情况,需要使用时,可联系安全部经理×××。

2.6 主要设备供应商名录

设备名称	供应商(维修厂)名称	联系人	电话	备注

3 事故应急处置程序

注意:视具体情况,可以根据你自己的判断采取必要步骤。

3.1 报告程序

3.1.1 报告时间

事故发生后,当事人应根据情况向下列部门迅速报告。

(1)向交通管理部门报告。

(2)向医疗救援部门报告。

(3)向公司救援小组报告。

(4)向保险公司报告。

3.1.2 报告内容

当事人在报告中,应保持沉着、冷静,使用正确的报告程序,有助于救援工作的开展,减少伤亡和损失。

(1)发生事故的时间、位置。

(2)人员受伤情况。

(3)车辆货物损失情况。

(4)发生事故简要经过、原因、性质。

(5)需要协助的部门、人员和相关事宜。

3.1.3 保护现场

事故发生后,要尽可能的保护现场不被破坏,以便有关部门对事故进行分析、处理。

4 事故应急处置方案

4.1 车辆在行驶中发生交通事故紧急处理方案

4.1.1 立即停车,拉紧制动装置,关闭发动机,打开危险报警闪光灯,检查周围的自然情况。

4.1.2 立即拿好重要的运输文件、工作单及有关资料,离开驾驶室。

4.1.3 根据道路情况在车后安全距离放置设警告标志,提醒其他驾驶人员注意。

4.1.4 立即仔细检查事故现场,寻找是否有人受伤,如果需要立即给予必要的抢救。

4.1.5 保护好车辆,以防止产品溢出和泄漏,一旦泄漏要确保无关人员远离,泄漏出来的物品易燃或助燃气体泄漏时,要设置隔离区,严禁人员、火源靠近。给现场有关政府人员提供产品安全数据单(MSDS)。

4.1.6 帮助受伤人员获得治疗,除非绝对必要,请不要移动受伤者,以免加重伤情。

4.1.7 通知配送主管及调度,详细描述现场发生的情况,必要时联系当地警方。

4.1.8 当罐体受伤,保冷无效时,罐体压力会迅速升高,随车驾驶人员、押运人员应打开放空阀卸压。

4.1.9 记录目击证人的姓名、地址及联系电话。

4.1.10 如果对方驾驶人员承认事故责任,请他留下书面记录,本人签字,并记录对方车辆牌照号及单位地址。

4.1.11 严禁驾驶人员、押运人员、操作工逃离现场。

4.2 车辆在行驶中着火紧急处置方案

4.2.1 如果车辆在行驶中因油路、电路或其他原因着火,驾驶人员立即停车,拉紧制动装置,关闭发动机,打开危险报警闪光灯,驾驶人员和操作工下车,迅速取下灭火器进行扑救。

4.2.2 如果火势大,自救不了的情况下,立即取出重要运输文件、工作单及有关资料。

4.2.3 立即拨打119,向公安消防部门报告,提供事故发生的地点、运输货物的名称。

4.2.4 给到现场的有关部门人员、消防人员提供(MSDS)。

4.2.5 立即向部门调度,经理进行报告。

4.2.6 协助公安消防部门维护现场秩序,严禁闲杂人员靠近。

4.2.7 遇压缩气体遇火燃烧、爆炸等险情时,应向钢瓶大量浇水,使其冷却并及时移出危险区域,钢瓶从火场救出后及时通知单位有关技术部门另做处理,不可擅自继续运输以防爆炸。

4.2.8 救火、关闭阀门时,要佩戴防护用品并站在上风口操作。

4.3 车辆在客户现场发生紧急情况的处置方案

在下列情况下禁止作业,并立即通知客户和汇报配送调度,待公司和客户确认所有的不安全因素均正常后,方可继续作业。

4.3.1 客户服务部门新立的储罐,新用户的储罐第一次充装,没有客服代表在现场。

4.3.2 检查出附近有火灾险情。

4.3.3 雷电或暴雨的天气。

4.3.4 车辆储罐压力不正常。

4.3.5 用户储罐压力不正常。

4.3.6 检查出车辆储罐或用户储罐设备及管路有泄漏。

4.4 在客户现场充装作业时遇到紧急情况处置方案

4.4.1 输液软管断裂,接头脱落,液体泄漏,操作工在保证自身安全的情况下,站在上风口操作,立即关闭罐车充装阀门和用户储罐的进液阀门。

4.4.2 作业过程中,发现有液体泄漏的情况,立即停止灌装。

4.4.3 作业过程中,发现罐车压力表或用户储罐压力表不正常,立即停止灌装。

4.4.4 罐装时,发现罐车或用户储罐被充满,超过充装标准,立即打开溢流阀门将液体排放到接液桶里,直到液位到达控制线内。

4.4.5 在用户现场发生火情,按车辆在行驶中的应急预案程序处理。

4.4.6 严禁出事故后驾驶人员、押运人员逃离现场。

4.5 在运输途中发生车辆紧急修理/泄漏事件处置方案

4.5.1 立即停车,拉紧制动装置,关闭发动机,打开危险报警闪光灯,检查周围的自然情况。

4.5.2 设警告标志,提醒其他驾驶人员注意。

4.5.3 检查车辆情况,明确损坏部位,确定是否可以自行处理。

4.5.4 通知配送主管及调度,详细描述车辆所在位置、机件损坏情况。

4.5.5 如果可以自行处理,驾驶人员维修车辆,押运人员检查货物有无泄漏情况,并指挥过往车辆注意安全。

4.5.6 如果不能维修,通知配送主管及调度需要请求支援;然后注意车辆气体安全,保护现场秩序,等待公司救援。

4.5.7 发现液体泄漏时,操作工在保证自身安全的情况下,站在上风口操作,立即关闭罐车阀门或者紧急切断阀。

4.6 液体槽车紧急切断阀和车辆断电装置的应用

4.6.1 车辆发生意外情况,无法正常熄火或者无法在驾驶室内进行熄火时,可以使用车辆断电装置,在车辆外部进行电源切断。

4.6.2 液体槽车后部管路发生破裂,液体外流时,可以在车辆外部按下紧急切断阀按钮,对外漏液体进行切断。

4.7 车辆在行驶途中发生恶劣天气的

4.7.1 下雪的天气

(1)增加跟车距离,提前并且轻微的减速,驾驶动作轻柔,避免激烈动作,避免进入车阵。

(2)注意观察反观镜背面以及轮胎侧面结冰的状态。

(3)到达桥上先减速,特别注意结冰的桥面。

(4)注意干燥的积雪路面以及强大的侧风。

(5)密切注意车辆前方的弧线道路与转弯。

(6)注意路面上高的硬雪堆,可能会顶起你的车轮。

(7)如果前方障碍物的高度不确定,则停车,并观察确认安全后再通过。

(8)打开车灯,并使用双跳灯功能,增加被别人看到的机会。

注意:如果驾驶中感到没有把握,停下来等待一段时间。

4.7.2 能见度低或者下雨、雷电、大雾等天气

(1)增加跟车距离,提前并且轻微的减速,从而加大观察的视野。

(2)注意道路在最开始几分钟下雨的时候可能是光滑的,并且是最危险的。

(3)驾驶动作轻柔,避免激烈动作,避免进入车阵;尽可能向远方观看。

(4)注意己车前方和两边可能的危险。

(5)使用路面标记来帮助指引方向。

(6)通过积水路面时,一定提前减速,注意观察前方车辆通过情况,利用低挡行车通过;如果积水没过车轮中心或者排气管,请停止前行。

(7)发生雷电时,关闭所有车辆门窗,关闭车载电子设备,在车内避雨,不要下车走动;不要在旷野中高大的树下停车。

(8)打开危险报警闪光灯,增加被别人看到的机会。

注意:如果驾驶中感到没有把握,停下来等待一段时间。

5 应急结束

5.1 应急结束条件

5.1.1 现场已得到有效处置,并已消除次生、衍生事件隐患。

5.1.2 受伤人员得到妥善救治。

5.1.3 环境污染得到有效控制。

5.1.4 社会影响基本消除。

5.2 应急结束处置

事故处置工作已完成,符合结束条件,应急响应结束。对于政府部门参与的应急处置事故,应由政府有关部门宣布。

附录二 振华物流危险化学品运输事故专项预案

1 编制目的

本预案旨在提高公司危险化学品安全运输管理水平,以及处置突发危险化学品运输事故的能力,最大限度地预防和减少突发事故及其造成的损害,保障人员、财产安全,避免对环境产生影响,及对社会造成恶劣影响。

2 基本原则

制定本预案遵循预防为主、快速反应、依靠科学、合理处置的总原则。

3 潜在危险性评估

危险化学品在运输过程中,最大危险是车辆发生事故,致使危险化学品包装破损或危险化学品本身包装存在问题或外界储运条件不能满足危险化学品安全要求,而造成危险化学品泄漏。危险化学品具有易燃易爆、易蒸发、易扩散、有毒有害等性质,一旦泄漏,可造成人员伤亡,人员大范围疏散,人员大面积中毒,并对生态环境造成持久、恶劣的影响,社会影响严重。

4 组织机构及职责

4.1 应急救援组织

4.1.1 成立危险化学品运输事故应急救援工作领导小组

组长:总裁

副组长:副总裁、副总经理、安全部经理

组员:业务部经理、运输部经理、安全部副经理、办公室主任、IT部经理、机务部经理、车队长、调度长

4.1.2 应急救援领导小组下设机构

办公室:设在安全部。负责人:×××

抢险救援车队:设在运输部。负责人:×××

抢险救援队:由机务管理部、物流仓储部、场站管理部技术人员组成。负责人:×××、×××、×××、×××

防护队:安全部、人力资源部职员组成。负责人:×××、×××

4.2 职责

4.2.1 应急救援工作领导小组职责

（1）负责组织运输队伍运送事故现场撤离人员和救援物资。

（2）督促运输部、安全部、仓储部、场站部做好道路危险化学品运输安全事故应急救援预案、物资准备。

（3）召集应急救援队伍，调集车辆设备，实行救援行动。

（4）平时对抢险人员进行安全和技能培训。加强培训演练，做到常备不懈。

4.2.2 各下设机构职责

办公室职责：落实应急救援领导小组部署的各项工作；负责危险化学品事故灾难的应急信息受理、核实、传递、通报、报告；做好抢险救援车辆的落实登记，随时准备调用。

抢险救灾车队职责：根据救援领导小组的通知要求，做好召集车辆参与应急响应工作；按照指令迅速到达指定地点，听从指挥、参与抢险。应急救援车辆按通知到集结地点。

抢险救援队职责：根据救援领导小组的通知要求，前往事故现场，抢救物资，采取有效措施防止事故扩大。

防护队职责：配合公安或其他相关部门进行事故现场的疏散、封锁、防护及人员抢救工作。

5 预防与预警

5.1 危险源监控

（1）承揽业务时由安全部对拟承揽的业务进行界定，对符合公司承运资格并承运危险性在可控制范围内的危险化学品可以予以承揽。对超出危险化学品运输资质范围或危险性较大的货物坚决不予承揽运输。

（2）运输危险化学品之前，由业务部门通知运输部、安全部，对承运的驾驶人员、押运人员进行安全交底。使危险化学品运输驾驶人员、押运人员充分了解所运危险化学品的品名、危险化学品编号、危险性、泄漏处置及本单位、生产厂家、托运方应急联系电话等内容。

（3）事故救援过程中充分利用安全运输卡。安全运输卡制度包括运输的危险化学品性质、危害性、应急措施、注意事项及本单位、生产厂家、托运方应急联系电话等内容。要求每种危险化学品一张卡片，每次运输前，运输单位向驾驶人员、押运人员告知安全运输卡上有关内容，并将安全卡交驾驶人员、押运人员各一份。

（4）充分利用车载 GPS 系统，对危险化学品运输车辆的动态进行跟踪。随时掌握车辆情况。

（5）对危险化学品运输沿途的天气情况进行预先了解和跟踪，及时向运输驾驶人员通报。

5.2 预警行动

运输驾驶人员在进行危险化学品运输过程中，一旦发生意外情况造成危险化学品泄漏或发生火灾、爆炸等事故，即拨打当地 110 报警并快速反映给应急救援领导小组办公室。由应急救援领导小组办公室向应急救援小组组长申请启动应急程序。

6 信息报告程序

6.1 发生危化品运输事故,运输驾驶人员、押运人员要立即向当地110报警,并向车队长报告,车队长立即向应急救援领导小组办公室汇报。

6.2 应急救援领导小组办公室接到事故汇报后,立即请示领导小组组长,启动应急预案。

①指导运输驾驶人员、押运人员向当地公安机关及其他安全、环保等主管部门汇报。

②向应急救援领导小组各成员通报事故情况。

③向托运方、货主通报事故情况。

④公司内部:

联系电话:××××××,手机:××××××××××

⑤外部联络:

火警:119,匪警:110,医疗急救:120。

7 应急处置

7.1 响应分级

根据严重程度分为一、二两级。

一级:危险化学品轻微泄漏,根据危险化学品安全运输卡内容,通过简单施救可以现场处置,不会对人员造成伤害的。

二级:不能现场处置或可能对人员造成伤害的。

7.2 应急响应程序

(1)接到事故报告后,应急救援领导小组办公室指导驾驶人员、押运人员佩戴防毒面具、防火手套等自我防护工具。对事故发生地点、时间、类别等简要情况了解清楚。确定通过现场可以处置的启动一级响应。核对危险化学品安全运输卡内容,指导驾驶人员、押运人员现场进行处置。处置完毕后向当地主管部门通报情况。

(2)不能现场处置或可能对人员造成伤害的,救援领导小组立即向上级负责危险化学品抢险部门报告,向货主通报事故情况,索要详细抢救措施,同时赶赴现场。

(3)根据事故情况调集抢险人员及车辆设备,尽快在现场集结。

(4)在现场负责人的统一指挥调度下,开展运输抢险救援工作,采取必要措施,减少事故损失,防止事故蔓延。

(5)运送撤离人员离开事故现场,恢复道路交通秩序。

(6)按上级救援部门要求运送救援物资。

(7)参加应急抢险救援的工作人员,应当按照危险化学品应急处置方案的规定,配备安全防护用品。

8　应急救援工作要求

8.1　各单位要充分认识危险化学品事故给人民生命财产及环境带来极大的危害,其救援工作十分重要,必须加强领导,保持高度警惕性,做好危险化学品应急救援抢险工作准备,防患于未然。

8.2　熟悉预案,组织演练。应急救援抢险人员要熟悉本预案,明确各自的职责和任务,平时要组织训练和演练。

8.3　服从命令、听从调配。各单位接到危险化学品事故救援抢险任务后,要反应敏捷,迅速行动,人员和车辆设备在指定地点集结待命。不得延误,更不得不到场。否则,将追究其法律责任。

9　应急救援物资及装备保障

各专业应急救援小组根据本专业的实际情况和需要,配备必要的应急救援装备,包括具有危险品运输资质的车辆、起重设备、车载防毒面具、灭火器、防火手套。保证应急资源及时合理地调配与高效使用,保障应急救援有力。

附录三　新奥物流天然气运输泄漏事故处置预案

预案一　液化天然气泄漏事故现场处置预案

为保证运营安全和及时妥善处理发生的天然气泄漏事故，最大限度地降低事故的损失，保护公司财产和人员生命安全，保护环境，依据《新奥能源物流有限公司事故应急救援预案》，特制定本应急预案。

1　风险分析

1.1　液化天然气运输过程中由于追尾事故、密封垫老化等有可能导致后操作箱管路、附件损坏发生泄漏。

1.2　后操作箱内可能发生泄漏的部位有：液位计截止阀、管路与罐体连接处、管路接口焊点处、真空阀、紧急切断阀等。

1.3　泄漏发生在如下区域危险性将增大：大桥、隧道、乡镇集市及其他易燃易爆物品汇集区域。

1.4　泄漏发生后可能引发火灾、爆炸、窒息等次生、衍生事故。

1.5　液化天然气理化性质可参见附件《化学品安全技术说明书》（液化天然气）。

2　应急组织与职责

2.1　应急组织

组长：总经理

副组长：主管安全副总经理

现场指挥：区域/分队负责人

成员：安检安全员、调度员、行政助理、驾驶人员

2.2　职责

2.2.1　组长或副组长组织指挥应急队伍实施救援行动。

2.2.2　现场总指挥协助组长负责应急救援的具体指挥。

2.2.3　调度员负责突发事件处置时对车辆、人员的调度工作。

2.2.4　行政助理担负对内、对外相关工作的联系。

2.2.5　安全员、安检员、驾驶人员对突发事件现场进行抢险抢修。

2.2.6　办公室对事故造成负面影响的后期协调工作。

3 应急处置

3.1 应急处置程序

(1)驾驶人员报警,并上报分队负责人。
(2)押运人员设置警戒、疏散周边人员,防止车辆进入危险区域。
(3)分队负责人进一步上报公司事故应急指挥部,总指挥命令立即启动应急预案。
(4)事故处置完毕,总指挥宣布关闭液化天然气泄漏事故应急响应。
(5)事故调查及后期处置。
(6)应急预案的评审。

3.2 LNG泄漏应急处置方案

3.2.1 后操作箱管路、附件损坏导致泄漏的应急处置

1)压力表截止阀泄漏(密封圈老化或者交通事故造成)
(1)(押运人员)穿长袖工装,戴好防护手套、护目镜。
(2)(驾驶人员)消除周围火源。
(3)(现场指挥)如果是由于交通事故造成的泄漏,应查看漏点位置和泄漏情况,如果为轻微泄漏可用布条缠绕好漏点,用水浇注结冰堵漏;如果漏点较大可用木塞法对漏点堵漏。
(4)(现场指挥)如果是由于密封圈老化造成的泄漏,可用布条缠绕好漏点,用水浇注结冰堵漏。
(5)(驾驶人员)观察直至无漏液发生。
(6)(驾驶人员)完成运输任务回场后及时将问题反馈给安检人员进行修理。

2)截止阀泄漏(密封垫老化造成)
(1)(押运人员)穿长袖工装,戴好防护手套、护目镜。
(2)(驾驶人员)消除周围火源。
(3)(押运人员)关闭截止阀前阀门,观察是否仍有漏液存在,如果漏液存在可采用布条缠绕用水浇注结冰堵漏。
(4)(押运人员)观察直至无漏液发生。
(5)(驾驶人员)完成运输任务回场后及时将问题反馈给安检人员进行修理。

3)紧急切断阀泄漏(密封垫老化造成)
(1)(押运人员)穿长袖工装,戴好防护手套、护目镜。
(2)(驾驶人员)消除周围火源。
(3)(押运人员)稍紧固螺杆观察是否仍有泄漏。
(4)(押运人员)如果泄漏仍存在,用布条缠绕好漏点,用水浇注结冰堵漏。
(5)(押运人员)观察直至无漏液发生。
(6)(驾驶人员)完成运输任务回场后及时将问题反馈给安检人员进行修理。

4）安全阀起跳不回座泄漏（罐内压力高于 0.74MPa 安全阀起跳，由于温度过低造成阀底结冰致使安全阀弹簧不能回弹）

(1)（押运人员）穿长袖工装，戴好防护手套、护目镜。

(2)（驾驶人员）消除周围火源。

(3)（押运人员）站于风向上风头进行操作，查看压力表压力，如果发现压力表压力低于安全阀回座压力 0.67MPa，则用水流浇注安全阀，直至安全阀回座。

5）罐体与管路接口处、所有管路的接口处、焊点泄漏（多数由于被追尾交通事故造成）

(1)（驾驶人员）立即停车，拉好制动装置，关闭发动机。

(2)（驾驶人员）拿好重要的运输文件、工作单及有关资料立即离开驾驶室。

(3)（驾驶人员）放好斜木塞，设置警告标志，提醒其他驾驶人员注意，防止连续追尾发生。

(4)（押运人员）穿长袖工装，戴好防护手套、护目镜，察看车辆产品是否有泄漏。一旦有泄漏，设置警戒区域，确保无关人员远离泄漏出来的产品，消除火源。

(5)（驾驶人员）通知分队负责人，详细描述现场发生的情况。

(6)（押运人员）查看泄漏情况进行堵漏，一般采用水流浇注并封堵漏。如果泄漏过大应围挡泄漏出的产品，防止造成其他伤害。

(7)（押运人员）给到场的有关政府部门人员解释产品安全技术说明书（MSDS），调度人员协调最近空车和设备进行倒罐处理。

(8)（驾驶人员）泄漏停止后，及时恢复现场。

6）真空丧失泄漏（多数由于交通事故造成）

(1)（驾驶人员）立即停车，拉好制动装置，关闭发动机。

(2)（驾驶人员）拿好重要的运输文件、工作单及有关资料立即离开驾驶室。

(3)（驾驶人员）放好斜木塞，设置警告标志，提醒其他驾驶人员注意，防止连续追尾发生。

(4)（押运人员）穿长袖工装，戴好防护手套、护目镜，察看车辆产品是否有泄漏。发现罐体有结霜现象，说明真空层有损坏。

(5)（驾驶人员）通知分队负责人，详细描述现场发生的情况。

(6)（调度员）调整供气计划，联系最近 LNG 接收站，提供路线。

(7)（驾驶人员）将放散阀打开，根据调度员指示路线尽快到达 LNG 接收站。

(8)（安检员）到达 LNG 接收站尽快卸气，根据调度员安排前往最近的制造工厂进行修复。

3.2.2 装、卸液过程中泄漏的现场处置

装、卸液过程中发生泄漏事故，执行场站相关应急预案。

3.2.3 大桥、隧道等危险区域泄漏的现场处置

(1)（驾驶人员）立即停车，拉好制动装置，关闭发动机，拿好重要的运输文件、工作单及

有关资料立即离开驾驶室。

(2)(押运人员)放好斜木塞,设置警告标志,进行隔离,严谨明火。

(3)(押运人员)疏导现场车辆远离事故车辆,对事故救援无关人员及可能威胁到的附近居民以及相邻的危险化学品进行紧急疏散。

(4)(驾驶人员)通知分队负责人并立即报警,详细描述现场发生的情况。

(5)(驾驶人员)穿防护服,戴好防护手套、护目镜,必要时配备防护面具,察看车辆产品泄漏情况,根据车辆泄漏情况进行堵漏,一般采用水流浇注并封堵漏。如果泄漏过大应围挡泄漏出的产品,防止造成其他伤害。

(6)(押运人员)泄漏停止后,恢复现场。

4 后期处理及评估

事故现场处置结束后,应及时恢复现场以满足运营需要。各级单位应组织有关人员对事故的处理情况进行评估。评估内容主要包括事故概况、现场调查处理概况、伤员救治情况、所采取措施的效果评价、应急处理过程中存在的问题和取得的经验及改进建议,以及时修订应急预案。

5 附件

5.1 应急通信录

应 急 通 信 录

部门/姓名	职务	手机/办公电话	备注
火警		119	
盗警		110	
交警		122	
急救		120	
保险公司(人保财险)		95518	
保险公司(平安保险)		95511	
国家化学事故应急咨询服务热线		0532-83889090	
×××	总经理	××××××××××	
×××	副总经理	××××××××××	
×××	设备总监	××××××××××	
×××	运营总监	××××××××××	
……	……	……	

5.2 《化学品安全技术说明书》(液化天然气)

第一部分　化学品及企业标志

化学品中文名称:液化天然气。
化学品俗名或商品名:液化天然气。
化学品英文名称:Liquefied Natural Gas。
企业名称:新奥能源物流有限公司(天然气道路运输企业)。
地址:廊坊市技术经济开发区华祥路118号。
电子邮件地址:
邮编:065001。
技术说明书编码:
生效日期:
企业应急电话(国家或地区代码)(区号)(电话号码):×××××××。
传真号码(国家或地区代码)(区号)(电话号码):×××××××。
国家应急电话:
分　子　式:混合物。

第二部分　成分/组成信息

有害物成分	浓　度	CAS NO
甲烷	96%	74-82-8
乙烷	—	74-84-0
丙烷	—	74-98-6

第三部分　危险性概述

危险性类别:第2.1类 易燃气体。
侵入途径:吸入、接触。
健康危害:甲烷对人基本无毒,但浓度过高时,使空气中氧含量明显降低,使人窒息。当空气中甲烷达25%～30%时,可引起头痛、头晕、乏力、注意力不集中、呼吸和心跳加速。若不及时脱离,可致窒息死亡。皮肤接触液化本品,可致冻伤。
环境危害:
燃爆危险:本品易燃,具窒息性。

第四部分　急救措施

皮肤接触:若有冻伤,就医治疗。

眼睛接触:

吸入:迅速脱离现场至空气新鲜处。保持呼吸道通畅。如呼吸困难,给输氧。如呼吸停止,立即进行人工呼吸。就医。

食入:

第五部分　消防措施

闪点(℃):-188。

引燃温度(℃):538。

爆炸下限[%(体积分数)]:5。

爆炸上限[%(体积分数)]:15。

危险特征:易燃,与空气混合能形成爆炸性混合物,遇热源和明火有燃烧爆炸的危险。与五氧化溴、氯气、次氯酸、三氟化氮、液氧、二氟化氧及其他强氧化剂接触剧烈反应。

有害燃烧产物:一氧化碳、二氧化碳。

灭火方法:切断气源。若不能切断气源,则不允许熄灭泄漏处的火焰。喷水冷却容器,可能的话将容器从火场移至空旷处。灭火剂:雾状水、泡沫、二氧化碳、干粉。

第六部分　泄漏应急处理

应急行动:迅速撤离泄漏污染区人员至上风处,并进行隔离,严格限制出入。切断火源。建议应急处理人员戴自给正压式呼吸器,穿防静电工作服。尽可能切断泄漏源。合理通风,加速扩散。喷雾状水稀释、溶解。构筑围堤或挖坑收容产生的大量废水。如有可能,将漏出气用排风机送至空旷地方或装设适当喷头烧掉。也可以将漏气的容器移至空旷处,注意通风。漏气容器要妥善处理,修复、检验后再用。

第七部分　操作处置与储存

操作处置注意事项:

(1)操作人员必须经过专门培训,严格遵守操作规程。

(2)远离火种、热源,工作场所严禁吸烟,严禁接打手机。

(3)使用防爆型的通风系统和设备。

(4)防止气体泄漏到工作场所空气中。

(5)避免与氧化剂接触。

(6)在传送过程中,钢瓶和容器必须接地和跨接,防止产生静电。

(7)搬运时轻装轻卸,防止钢瓶及附件破损。

(8)配备相应品种和数量的消防器材及泄漏应急处理设备。

储存注意事项:

(1)储存于阴凉、通风的库房;远离火种、热源;库温不宜超过30℃。

(2)应与氧化剂等分开存放,切忌混储。

(3)采用防爆型照明、通风设施。

(4)禁止使用易产生火花的机械设备和工具。

(5)储区应备有泄漏应急处理设备。

(6)灌装时应注意流速,且有接地装置,防止静电积累。

(7)灌装人员应佩戴防冻伤防护服、防护手套、防护鞋等。

第八部分　接触控制/个体防治

最高容许浓度:中国MAC:

最高容许浓度:苏联MAC:

监测方法:

工程控制:生产过程密闭,全面通风。

呼吸系统防护:一般不需要特殊防护,建议特殊情况下,佩戴自吸过滤式防毒面具(半面罩)、空气呼吸器。

眼睛防护:一般不需要特殊防护,高浓度接触时可戴安全防护眼镜。

身体防护:穿防静电工作服。

手防护:戴一般作业防护手套。

其他防护:工作现场严禁吸烟。避免长期反复接触。进入罐、限制性空间或其他高浓度区作业,须有人监护。

第九部分　理化特征

外观与性状:无色无臭气体。

pH值:

熔点(℃):-182.5。

相对密度(水=1):0.42(-164℃)。

沸点(℃):-161.5。

相对密度(空气=1):0.6。

饱和蒸汽压(kPa):53.32(-168.8℃)。

燃烧热(kJ/mol):889.5。

临界温度(℃):-82.6。

临界压力(MPa):4.59。

辛醇/水分配系数:无资料。

闪点(℃):-188。

引燃温度(℃):538。

爆炸下限[%(体积分数)]:5.3。

爆炸上限[%(体积分数)]:15。
最小点火能(mJ):0.28。
最大爆炸压力(MPa):0.717。
溶解性:微溶于水,溶于醇、乙醚。
主要用途:用作燃料和用于炭黑、氢、乙炔、甲醛等的制造。

第十部分　稳定性和反应活性

稳定性:稳定。
聚合危害:
避免接触的条件:
禁配物:强氧化剂、氟、氯。
分解产物:

第十一部分　毒理学资料

急性毒性(LD50):
LC50:
刺激性:
致敏性:
致突变性:
致畸性:

第十二部分　生态学资料

生态毒性:
生物降解性:
非生物降解性:
其他有害作用:该物质对环境可能有危害,对鱼类和水体要给予特别注意。还应特别注意对地表水、土壤、大气和饮用水的污染。

第十三部分　废弃处理

废弃物性质:
废弃处置方法:处置前应参阅国家和地方有关法规。建议用焚烧法处置。
废弃注意事项:

第十四部分　运输信息

危险货物编号:21008。

UN 编号:1972。

危险性类别:2.1 类 易燃气体。

包装类别:Ⅱ。

包装方法:低温绝热钢质气瓶。

运输注意事项:采用钢瓶运输时必须戴好钢瓶上的安全帽。钢瓶必须竖立直放;高度不得超过车辆的防护栏板,并用保险带固定,防止滚动。运输时运输车辆应配备相应品种和数量的消防器材。装运该物品的车辆排气管必须配备阻火装置,禁止使用易产生火花的机械设备和工具装卸。严禁与氧化剂等混装混运。夏季应早晚运输,防止日光暴晒。中途停留时应远离火种、热源。公路运输时要按规定路线行驶,勿在居民区和人口稠密区停留。铁路运输时要禁止溜放。

<h2 style="text-align:center">第十五部分 法 规 信 息</h2>

法规信息:

《危险化学品安全管理条例》(国务院令第 344 号)

《危险货物品名表》(GB 12268—2005)

《危险货物分类和品名编号》(GB 6944—2005)

《危险化学品安全技术说明书编写规定》(GB 16483—2000)

《常用危险化学品的分类及标志》(GB 13690—92)

<h2 style="text-align:center">第十六部分 其 他 信 息</h2>

参考文献:

填表时间:

填表部门:

数据审核单位:

修改说明:

其他信息:

预案二 压缩天然气泄漏事故现场处置预案

为保证运营安全和及时妥善处理发生的天然气泄漏事故,保护人员生命安全,保护环境,最大限度地降低事故的损失,依据《新奥能源物流有限公司事故应急救援预案》,特制订天然气泄漏现场处置方案。

1 危险因素分析

压缩天然气运输车辆包括子站车和普通车,CNG 子站车运输过程中容易在端塞、对丝连接处、压力表阀、气动阀、手动阀、爆破片等位置出现泄漏(内漏和外漏);CNG 普通车在运输过程中容易在端塞、对丝、爆破片等位置出现泄漏(内漏和外漏)。天然气理化性质参照附件《化学品安全技术说明书》(天然气)。

2 应急组织与职责

2.1 应急组织

组长:总经理

副组长:主管安全副总经理

现场指挥:区域/分队负责人

成员:安检安全员、调度员、行政助理、驾驶人员

2.2 职责

(1)组长或副组长组织指挥应急队伍实施救援行动。

(2)现场总指挥负责指挥各应急小组实施应急救援,以及对内、对外的联系。

(3)财务负责应急抢险资金的筹备。

(4)安检安全员为现场的抢险抢修提供技术支持与指导。

(5)驾驶人员对突发事件现场进行警戒,同时按照要求实施抢险抢修。

(6)调度员负责对突发事件造成的临时车辆、人员的调度工作。

3 应急处置

3.1 应急处置程序

(1)驾驶人员报警,并上报分队负责人。

(2)押运人员设置警戒、疏散周边人员,防止车辆进入危险区域。

(3)分队负责人进一步上报公司事故应急指挥部,总指挥命令立即启动应急预案。

(4)事故处置完毕,总指挥宣布关闭压缩天然气事故应急响应。

(5)事故调查及后期处置。

(6)应急预案的评审。

3.2 现场处置方案

3.2.1 压缩天然气子站车泄漏现场应急处置方案

1)运输途中泄漏现场处置方案

(1)(驾驶人员)立即将车停在通风良好的位置,停放地点不得靠近机关、学校、厂矿、桥梁、仓库和人员稠密的地方。

(2)(驾驶人员)设置警戒区域,消除周围火源。

(3)查找漏气点:(分以下几种情况)

①如果气动阀漏气,将气动阀前的手动阀关闭。

②如果手动阀漏气,应及时电话通知分队负责人,由调度员调派至最近卸气点进行

卸气。

③如果压力表阀漏气,关闭压力表阀开关。

④如果爆破片爆破,(钢瓶压力过高所致)等待气体放散完毕。

⑤如果端塞漏气,关闭其他钢瓶阀门,等待气体放散完毕。

⑥如果对丝连接处漏气,关闭其他钢瓶阀门,等待气体放散完毕。

(4)运输任务完成返场后,及时联系分队专业人员进行维修处理,以保障车辆的完好运行。

注意:操作过程中必须使用防爆工具,以防碰撞产生火花引起爆炸。

如果轻微泄漏,调度员应及时调派车辆至最近的加气点卸气。

2)装、卸气过程中泄漏现场应急处置方案

(1)我方车辆设备发生泄漏执行以上现场处置方案。

(2)场站内设备发生泄漏,执行场站内相关应急预案,我方车辆及时进行撤离。

注意:分瓶阀除在装卸过程中,处于打开状态,其他时间都应处于关闭状态。

3.2.2 CNG 普通车泄漏现场应急处置方案

(1)(驾驶人员)立即将车停在通风良好的位置,停放地点不得靠近机关、学校、厂矿、桥梁、仓库和人员稠密的地方。

(2)(驾驶人员)设置警戒区域,消除周围火源。
(3)(驾驶人员)查找漏气点:(分以下几种情况)
①如果端塞漏气,关闭其他钢瓶阀门,等待气体放散完毕。
②如果对丝连接处漏气,关闭其他钢瓶阀门,等待气体放散完毕。
③如果压力表阀漏气,关闭压力表阀开关。
④如果爆破片爆破,(钢瓶压力过高所致)等待气体放散完毕。
(4)运输任务完成返场后,及时联系分队专业人员进行维修处理,以保障车辆的完好运行。

注意: 操作过程中必须使用防爆工具,以防碰撞产生火花引起爆炸。

如果轻微泄漏,调度员应及时调派车辆至最近的加气点卸气。

4 后期处理及评估

事故现场处置结束后,应及时恢复现场以满足运营需要。各级单位应组织有关人员对事故的处理情况进行评估。评估内容主要包括事故概况、现场调查处理概况、伤员救治情况、所采取措施的效果评价、应急处理过程中存在的问题和取得的经验及改进建议,以及时修订应急预案。

5 附件

5.1 应急通信录

应 急 通 信 录

部门/姓名	职务	手机/办公电话	备注
火警		119	
盗警		110	
交警		122	
急救		120	
保险公司(人保财险)		95518	
保险公司(平安保险)		95511	
国家化学事故应急咨询服务热线		0532-83889090	
×××	总经理	××××××××××	
×××	副总经理	××××××××××	
×××	设备总监	××××××××××	
×××	运营总监	××××××××××	
……	……	……	

5.2 《化学品安全技术说明书》(天然气)

第一部分 化学品及企业标识

化学品中文名称:天然气。
化学品英文名称:Natural gas。
企业名称:新奥能源物流有限公司(天然气道路运输企业)。
地址:河北省廊坊市技术经济开发区华祥路118号。
邮编:065001。
企业应急电话:0316-2598082。
技术说明书编码:
生效日期:
事故应急电话:

第二部分 成分/组成信息

纯品: 混合物:√
化学品名称:天然气。
主要有害成分:C1~C5烃类混合物。

第三部分 危险性概述

危险性类别:易燃气体。
侵入途径:吸入。
健康危害:天然气的因其化学组成不同而异,急性中毒时,可有头昏、头痛、呕吐、乏力甚至昏迷。病程中尚可出现精神症状,步态不稳,昏迷过程久者,醒后可有运动性失语及偏瘫。长期接触天然气者,可出现神经衰弱综合征。
环境危害:大量泄漏时会造成生物死亡。
燃爆危险:与空气可形成爆炸性混合物。遇明火、高热极易燃烧爆炸。

第四部分 急救措施

皮肤接触:皮肤接触用水冲洗,如接触冻伤,立即就医。
眼睛接触:无资料。
吸入:脱离有毒环境,至空气新鲜处,给氧,对症治疗。注意防治脑水肿。
食入:

第五部分 消防措施

危险特性:极易燃,与空气混合能形成爆炸性混合物。遇热源和明火有燃烧爆炸的危险。与氟、氯等接触会发生剧烈的化学反应。若遇高热,容器内压增大,有开裂和爆炸的危险。

有害燃烧产物:燃烧(分解)产物一氧化碳、二氧化碳。

灭火方法及灭火器:切断气源。若不能立即切断气源,则不允许熄灭正在燃烧的气体,喷水冷却容器,可能的情况下将容器从火场移至空旷处。灭火剂:雾状水、泡沫、二氧化碳。

第六部分 泄漏应急处理

应急处理:迅速撤离泄漏污染区人员至安全区,并进行隔离,严格限制出入;切断火源。

应急处理人员防护:建议应急处理人员戴自给正压式呼吸器,穿防静电服。

注意事项:不要直接接触泄漏物。尽可能切断泄漏源。

消除方法:合理通风,加速扩散。喷雾状水稀释。漏气容器要妥善处理,修复、检验后再用。

设备器材:空气呼吸器、防静电服、泡沫灭火器(二氧化碳灭火器)或消防车水车等。

第七部分 操作处置与储存

操作注意事项:

(1)密闭操作,全面通风。

(2)操作人员必须经过专门培训,严格遵守操作规程。

(3)远离火种、热源,工作场所严禁吸烟。使用防爆型的通风系统和设备。

(4)防止气体泄漏到工作场所空气中。

(5)避免与氧化剂、卤素接触。

(6)在传送过程中,钢瓶和容器必须接地和跨接,防止产生静电。

(7)搬运时轻装轻卸,防止钢瓶及附件破损。

(8)配备相应品种和数量的消防器材及泄漏应急处理设备。

储存注意事项:

(1)储存于阴凉、通风的库房。远离火种、热源。库温不宜超过30℃。

(2)应与氧化剂、卤素分开存放,切忌混储。

(3)采用防爆型照明、通风设施。

(4)禁止使用易产生火花的机械设备和工具。

(5)储区应备有泄漏应急处理设备。

第八部分 接触控制/个体防护

最高允许浓度:无资料。

监测方法:气相色谱法。

工程控制:密闭操作。提供良好的自然通风条件。
呼吸系统防护:高浓度环境中,佩戴正压式空气呼吸器。
眼睛防护:一般不需要特殊防护,高浓度接触时可戴化学安全防护眼镜。
身体防护:穿防静电工作服。
手防护:必要时戴防护手套。
其他防护:工作现场严禁吸烟。避免高浓度吸入。进入罐或其他高浓度区作业,需佩戴正压式空气呼吸器。

第九部分 理化特性

外观与性状:无色气体。

熔点(℃):无资料。

沸点(℃):-160。

相对密度(水=1):约0.45(液化)。

相对蒸气密度(空气=1):无资料。

辛醇/水分配等数的对数值:无资料。

闪点:无资料。

自燃温度(℃):482~632。

爆炸上限[%(体积分数)]:14。

爆炸下限[%(体积分数)]:5。

溶解性:溶于水。

主要用途:是重要的有机化工原料,可用作制造炭黑、合成氨、甲醇以及其他有机化合物,也是优良的燃料。

第十部分 稳定性及反应性

稳定性:稳定。

禁配物:强氧化剂、卤素。

避免接触的条件:无资料。

聚合危害:不发生。

分解产物:一氧化碳、二氧化碳。

第十一部分 毒理学资料

急性毒性:LD50:无资料。　　LC50:无资料。

第十二部分 生态学资料

生态毒性:无资料。

生物降解性:无资料。

非生物降解性:无资料。

其他有害作用:该物质对环境有危害,应注意对地表水、土壤、大气和饮用水的污染。

第十三部分 废弃处置

废弃物性质:危险废物。

废弃处置方法:根据国家和地方有关法规的要求处置。或与厂商或制造商联系,确定处置方法。建议用焚烧法处置。

废弃物注意事项:废弃物处置应与生产厂家联系,结合实际情况制订具体安全措施,防止发生事故。

第十四部分 运输信息

危险货物编号:21007。

UN编号:1971。

包装标志:4。

包装类别:O52。

包装方法:钢制气瓶、耐压罐车。

储运注意事项:

(1)易燃压缩气体。

(2)储存于阴凉、干燥、通风良好的不燃库房。

(3)仓温不宜超过30℃。

(4)远离火种、热源。

(5)防止阳光直射。

(6)应与氧气、压缩空气、卤素(氟、氯、溴)、氧化剂等分开存放。

(7)储存间内的照明、通风等设施应采用防爆型。

(8)若是储罐存放,储罐区域要有禁火标志和防火防爆技术措施。

(9)禁止使用易产生火花的机械设备和工具。

(10)槽车运送时要灌装适量,不可超压超量运输。

(11)搬运时轻装轻卸,防止钢瓶及附件破损。

第十五部分 法规信息

国内法规:《化学危险物品安全管理条例》(1987年2月17日国务院发布),《化学危险物品安全管理条例实施细则》(化劳发〔1992〕677号)等法规,针对化学危险品的安全使用、生产、储存、运输、装卸等方面均作了相应规定;《常用危险化学品的分类及标志》(GB 13690—1992)将该物质划为第2.1类易燃气体。

第十六部分　其 他 信 息

填表时间：
填表部门：
数据审核单位：
修改说明：